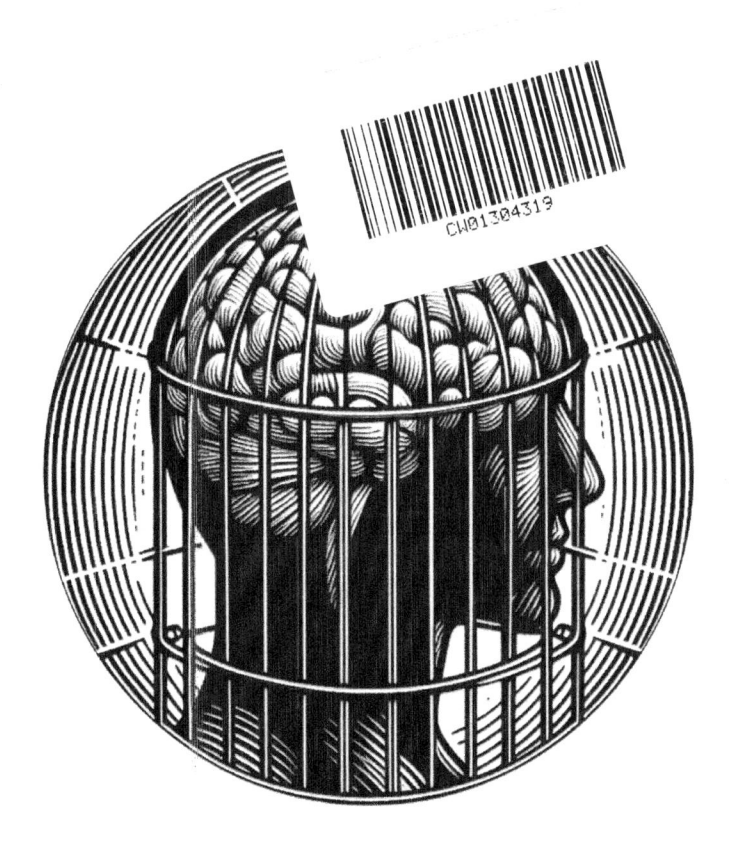

# La Jaula de la Mente

Fernando De Cabo Landin

"La Jaula de la Mente"
De Cabo Landin, Fernando (Autor)

ISBN: 9798328228039

Catalogación:
Autoayuda. Transformación Personal. Autoestima. Felicidad

Prohibida su reproducción Total o Parcial. Todos los materiales contenidos en esta obra están protegidos por las leyes de Derechos de Autor y Propiedad Intelectual, demás Tratados y Leyes relativas Internacionales. El uso de imágenes, textos, fragmentos de párrafos y demás material que sea objeto de protección de los derechos de autor, será exclusivamente para fines informativos, y cualquier uso distinto como el lucro, reproducción, edición o modificación, será perseguido y sancionado por el respectivo titular de los Derechos de Autor y de la Propiedad Intelectual. Queda prohibido copiar, reproducir, distribuir, publicar, transmitir, difundir, o en cualquier modo explotar cualquier parte de este libro, sin la autorización previa por escrito del Autor, **Fernando De Cabo Landin**.

Para cualquier asunto relacionado con este Aviso Legal, por favor contacte a la siguiente dirección de correo electrónico legal:
fdecabolan@gmail.com

## Contenido:

Prólogo .................................................................... 5
La brújula interior: Una historia con Alma. ................... 7
Transformación de Elena: Viaje de "no sirvo" a "soy capaz" ...... 23
Creencias Limitantes ................................................ 33
La libertad de crear. ................................................ 45
Afinando la sintonía. ............................................... 57
Autenticidad: Un encuentro transformador ................ 67
Resistir o Fluir. ....................................................... 79
Encontrando la flexibilidad. ..................................... 93
Elena y Su Mente Selectiva. ................................... 105
La lucha de Elena por la autorrealización. .............. 119
De la Incongruencia a la Integridad ........................ 133
Una historia de reevaluación. ................................. 145
La Transformación de Andrés. ................................ 159
Elara y el bosque resiliente. ................................... 173
El Pastor y el Forastero: Un viaje hacia la integridad. ...... 187
En busca de la brújula interior. ............................... 201
La danza de la persistencia de Marcos. .................. 213
El viaje de Sofía hacia la expansión de sus creencias. ...... 227
De Víctima a Creador. ............................................ 241
El Camino de la Empatía. ....................................... 253
Gratitud ................................................................. 267
Biografía del Autor ................................................. 279

# Prólogo

Te doy la bienvenida a **"La Jaula de la Mente"**.

En este libro, te invito a embarcarte en un viaje de autodescubrimiento y transformación a través de relatos inspiradores y reflexiones profundas. Aquí encontrarás historias de personajes como Elena, Marcos, Marina y Tomás, quienes enfrentan sus propias batallas internas en busca de la autenticidad, la libertad creativa, la persistencia y la empatía.

Para sacar el máximo provecho de este libro, te recomiendo leer cada capítulo con mente abierta y corazón dispuesto. Permítete sumergirte en las historias, identificarte con los personajes y reflexionar sobre cómo sus experiencias resuenan contigo. Al final de cada capítulo, encontrarás preguntas de reflexión que te invitarán a profundizar en los temas tratados y a aplicarlos a tu propia vida.

Antes de comenzar cada capítulo, tómate un momento para relajarte y centrarte en el presente. Respira profundamente y prepárate para sumergirte en la historia que estás a punto de leer. A medida que avances en la lectura, mantén una libreta o cuaderno a mano para anotar tus pensamientos, emociones y reflexiones. Esto te ayudará a procesar la información de manera más profunda.

Al final de cada capítulo, toma un tiempo para responder las preguntas de reflexión. Permítete explorar tus propias creencias, limitaciones y deseos, y anota tus respuestas de manera honesta y sincera. Después de responder las preguntas, dedica unos minutos a meditar o reflexionar sobre lo que has aprendido. Cierra los ojos, respira profundamente y permite que las enseñanzas de cada relato se asienten en tu corazón y mente.

Recuerda que este libro es una herramienta para tu crecimiento personal y espiritual. Permítete sumergirte en las historias, reflexiones y preguntas, y confía en que cada paso que des te acercará un poco más a la libertad interior y la plenitud.

Quiero expresarte mi más profundo agradecimiento por acompañarme en este viaje a través de "La Jaula de la Mente". Tu dedicación, apertura y disposición para explorar tus propias creencias y limitaciones son un testimonio de tu valentía y compromiso con tu crecimiento personal.

Te animo a seguir explorando, cuestionando y creciendo, confiando en tu capacidad para transformar tus creencias y moldear tu destino. Que cada paso que des te acerque un poco más a la realización de tus sueños y a la manifestación de tu verdadero ser.

Con gratitud y esperanza en tu camino,

**Fernando De Cabo Landin**
Autor

# La brújula interior:
# Una historia con Alma.

*"En el silencio del corazón,
la brújula interior revela el camino a la paz."*

# La brújula interior: Una historia con alma.

Elena observaba la ciudad desde su ático, la luz del atardecer bañando los edificios en un tono dorado.

Era una imagen familiar, reconfortante, pero una inquietud crecía en su interior como una hiedra trepadora. Un anhelo de aventura, de descubrir nuevos horizontes, de sentir el viento en la cara y el sol en la piel.

En su mente, dos voces se enfrentaban en una batalla sin tregua. La voz de la razón, heredada de su padre, era firme y tajante: "Es un sueño infantil, Elena. Tienes una carrera estable, una vida cómoda. No arriesgues todo por una fantasía". La voz de la experiencia, fruto de años de esfuerzo y responsabilidad, la secundaba con un tono áspero: "El mundo exterior es peligroso, lleno de incertidumbres. Quédate aquí, donde estás segura".

Sin embargo, una tercera voz, una melodía suave y persistente, susurraba desde su interior. Era la voz de su niña interior, la que aún conservaba la capacidad de asombrarse y soñar: "Elena, el mundo está lleno de belleza y magia. Sal y descúbrelo, siente la libertad de explorar, de vivir con intensidad".

Elena se debatía entre las tres voces, confundida y desorientada. Cerró los ojos y respiró hondo, buscando la calma en su interior. De pronto, una imagen surgió en su mente: una niña descalza corriendo por una playa dorada, riendo con alegría mientras las olas lamían sus pies. La imagen era tan vívida que Elena sintió la arena bajo sus pies y el sol en su rostro. Supo entonces que tenía que seguir a su niña interior, que era hora de hacer realidad su sueño.

Elena tomó un cuaderno y comenzó a escribir. Plasmó en el papel sus inquietudes, sus anhelos, sus miedos. En ese acto creativo, encontró la brújula que la guiaría hacia su destino: viajar por el mundo y capturar la esencia de cada lugar a través de su lente.

Su sueño era fotografiar la sonrisa tímida de un niño en Nepal, la mirada penetrante de un anciano en Tanzania, la majestuosidad de una aurora boreal en Islandia. Anhelaba compartir su pasión por el mundo a través de imágenes que hablaran al corazón, que despertaran emociones dormidas y transportaran a otros lugares.

Comenzó a ahorrar, a investigar destinos, a planificar su viaje. Cada paso la acercaba a su sueño, llenando su corazón de una emoción vibrante.

No fue un camino fácil. Hubo momentos de duda, de flaqueza, en los que la voz de la razón y la experiencia amenazaban con apagar la llama de su sueño. El miedo al fracaso era un monstruo de ojos saltones que la acechaba en la oscuridad, la incertidumbre un velo que nublaba su visión.

Un día, mientras Elena se encontraba en un mercado local de Marrakech, una niña se le acercó con una sonrisa radiante. Sus ojos brillaban con curiosidad mientras observaba la cámara de Elena. La niña le pidió que le tomara una foto, y Elena, conmovida por su inocencia, accedió.

Al ver la alegría de la niña al contemplar su imagen en la pantalla, Elena comprendió que su viaje era algo más que una simple aventura. Era una forma de conectar con las personas, de compartir su visión del mundo, de dejar una huella positiva.

Elena viajó por el mundo, capturando con su cámara la belleza y la diversidad del planeta. Conoció a personas de diferentes culturas, experimentó nuevas sensaciones y emociones, y se reencontró con su niña interior.

En cada lugar que visitaba, Elena dejaba una parte de sí misma y se llevaba un pedacito del mundo. Aprendió a vivir con intensidad, a disfrutar del presente, a seguir su intuición.

Se convirtió en una mujer más fuerte, más segura, más libre.

Al final de su viaje, Elena no era la misma persona que había partido. Su corazón estaba lleno de experiencias, su mente rebosaba de conocimiento y su alma vibraba con alegría.

Elena regresó a su ciudad natal, pero no como una extranjera, sino como una ciudadana del mundo.

Traía consigo un bagaje de experiencias, emociones y, lo más importante, una vida con sentido.

## Beneficios de tener sueños propios

**¿Alguna vez has sentido un anhelo ardiente en tu interior, un llamado que te impulsa a ir más allá de lo conocido?**
Ese impulso, esa chispa que te enciende, es la invitación a perseguir tus sueños, a embarcarte en un viaje de transformación personal que te llevará a descubrir lo mejor de ti mismo.

**Alzar el vuelo siguiendo tus sueños no solo te brinda la satisfacción de alcanzar tus metas, sino que también te abre las puertas a un sinfín de beneficios que enriquecen tu vida en todos los aspectos:**

1. **Despierta tu pasión y entusiasmo:**
Cuando te dedicas a aquello que te apasiona, cada día se convierte en una aventura emocionante. Tu energía se renueva, tu motivación se dispara y te sientes capaz de conquistar cualquier obstáculo.

2. **Descubre tu verdadero potencial:**
Al salir de tu zona de confort y explorar nuevos horizontes, te sorprendes de las habilidades y talentos que posees. Tu potencial se libera, permitiéndote alcanzar logros que antes creías imposibles.

**3. Aumenta tu autoestima y confianza:**
Cada paso que das hacia tus sueños te llena de orgullo y satisfacción. Tu autoestima se fortalece, creyendo cada vez más en ti mismo y en tus capacidades.

**4. Expande tus horizontes y abre tu mente:**
Conocer nuevas culturas, experiencias y personas te enriquece como individuo. Tu mente se abre a nuevas perspectivas, permitiéndote ver el mundo con mayor amplitud y profundidad.

**5. Fortalece tu resiliencia:**
El camino hacia tus sueños no siempre es fácil, pero los desafíos que enfrentas te hacen más fuerte. Desarrollas resiliencia, la capacidad de superar obstáculos y levantarte después de cada caída.

**6. Conecta con tu propósito de vida:**
Al perseguir tus sueños, te acercas a aquello que realmente te da sentido y significado en la vida. Descubres tu propósito, la razón por la que estás aquí, y vives con mayor plenitud.

**7. Inspiras a otros:**
Tu determinación y entusiasmo son contagiosos. Al perseguir tus sueños con pasión, inspiras a otros a creer en sí mismos y a perseguir sus propios anhelos.

**8. Dejas un legado positivo:**
Cuando alcanzas tus sueños y compartes tu experiencia con el mundo, dejas una huella positiva en la vida de los demás. Tu historia se convierte en

una fuente de inspiración y motivación para las generaciones futuras.

**Emprender el viaje hacia tus sueños es una decisión que te transforma.**
No solo alcanzas metas y objetivos, sino que te conviertes en la mejor versión de ti mismo. Eres más fuerte, más sabio, más compasivo y más conectado con el mundo que te rodea.

**¿Estás listo para dar el primer paso?**
Escucha la voz de tu corazón, enciende la llama de tu pasión y prepárate para embarcarte en la aventura más extraordinaria de tu vida: la de perseguir tus sueños.

# Pasos para alcanzar tus sueños

Alcanzar tus sueños es un viaje emocionante y gratificante, pero requiere esfuerzo, dedicación y una estrategia bien definida. A continuación, te presento algunos pasos clave que puedes seguir para hacer realidad tus anhelos:

## 1. Define tus sueños con claridad:

**Reflexiona:** ¿Qué es lo que realmente te apasiona? ¿Qué te hace sentir vivo y entusiasmado? Dedica tiempo a explorar tus deseos más profundos y a identificar aquellos sueños que verdaderamente te impulsan.

**Sé específico:** No te conformes con sueños vagos o generales. Define tus objetivos con la mayor claridad posible. Visualiza con detalle lo que quieres lograr, cómo te sentirás cuando lo alcances y qué impacto tendrá en tu vida.

**Escríbelos:** Plasmar tus sueños en papel les da forma y los convierte en algo tangible. Escribe una lista detallada de tus objetivos, incluyendo los pasos específicos que necesitas tomar para alcanzarlos.

## 2. Cree en ti mismo y en tu potencial:

**Confía en tus habilidades:**
Reconoce las fortalezas, talentos y experiencias que posees y que te acercan a tus sueños. Cree en tu

capacidad para aprender, crecer y superar cualquier obstáculo que se presente en el camino.

**Elimina las dudas y los miedos:** Es normal sentir dudas o miedos al perseguir tus sueños. Sin embargo, no permitas que estos sentimientos te detengan. Enfrenta tus miedos con valentía y utiliza la duda como una oportunidad para fortalecer tu determinación.

**Rodéate de personas positivas:** Rodéate de personas que te apoyen, te inspiren y te animen a seguir adelante. El entorno positivo te brindará la energía y la motivación que necesitas para alcanzar tus metas.

## 3. Crea un plan de acción:

### Establece metas SMART:
Define metas específicas, medibles, alcanzables, relevantes y con un plazo determinado (SMART, por sus siglas en inglés). Dividir tus sueños en metas más pequeñas y manejables te ayudará a avanzar de manera organizada y progresiva.

### Identifica los recursos necesarios:
Determina qué recursos necesitas para alcanzar cada meta, ya sean materiales, financieros, humanos o de conocimiento. Busca los recursos disponibles y crea un plan para adquirir aquellos que te falten.

### Establece un cronograma:+
Elabora un cronograma realista que detalle el tiempo que dedicarás a cada tarea o paso necesario para

alcanzar tus metas. Asegúrate de incluir plazos específicos para cada acción.

## 4. Toma acción y persevera:

**Comienza hoy mismo:**
No esperes el momento perfecto para comenzar. Da el primer paso hoy mismo, sin importar cuán pequeño sea. La acción constante, por mínima que sea, te acercará a tus sueños.

**Mantén la disciplina:**
El camino hacia tus sueños requiere disciplina y compromiso. Establece hábitos diarios o semanales que te acerquen a tus metas y cúmplelos con constancia.

**Supera los obstáculos:**
En el camino encontrarás desafíos y obstáculos. No te desanimes ante las dificultades. Aprende de cada tropiezo, adáptate a las circunstancias y continúa avanzando con determinación.

## 5. Celebra tus logros y aprende de los errores:

**Reconoce tus avances:** Celebra cada logro, por pequeño que sea. Reconocer tu progreso te mantendrá motivado y te permitirá disfrutar del viaje hacia tus sueños.

**Aprende de los errores:** Los errores son parte del proceso de aprendizaje. No los consideres fracasos, sino oportunidades para mejorar tu estrategia y seguir avanzando.

**Disfruta del viaje:** El camino hacia tus sueños no solo se trata del destino final, sino también de las experiencias y aprendizajes que adquieres en el camino. Disfruta cada paso, cada desafío y cada victoria.

*Alcanzar tus sueños
es un proceso continuo
que requiere esfuerzo,
dedicación y una actitud positiva.
No te rindas nunca,
cree en ti mismo y
disfruta del viaje
hacia tus metas más anheladas.*

# Reflexionando sobre mis sueños

## Cuestionario para reflexionar sobre tus sueños.

**1. ¿Qué te apasiona?**
¿Qué actividades te hacen sentir vivo y entusiasmado?
¿Qué temas o áreas te despiertan curiosidad y te motivan a aprender más?
¿Qué te hace perder la noción del tiempo cuando estás involucrado en ello?

**2. ¿Cuáles son tus deseos más profundos?**
Si pudieras lograr cualquier cosa en la vida, ¿qué sería?
¿Qué tipo de vida te gustaría tener en el futuro?
¿Qué impacto te gustaría tener en el mundo?

**3. ¿Qué te hace sentir realizado y pleno?**
¿En qué momentos te sientes más feliz y satisfecho?
¿Qué actividades te dan un sentido de propósito y significado en la vida?
¿Qué te hace sentir orgulloso de ti mismo?

**4. ¿Cuáles son tus talentos y habilidades?**
¿En qué eres bueno?
¿Qué habilidades te han elogiado los demás?
¿Qué actividades te resultan fáciles y agradables de realizar?

**5. ¿Qué obstáculos te impiden perseguir tus sueños?**

¿Qué miedos o dudas te limitan a tomar acción?
¿Qué recursos o apoyos te faltan para alcanzar tus metas?
¿Qué creencias limitantes te sabotean en tu camino hacia el éxito?

**6. ¿Qué pasos puedes tomar hoy mismo para acercarte a tus sueños?**
¿Qué pequeña acción puedes realizar hoy para iniciar tu viaje?
¿Con quién puedes hablar para buscar apoyo y orientación?
¿Qué recursos o herramientas puedes utilizar para comenzar a aprender y crecer?

**7. ¿Cómo te sentirás cuando alcances tus sueños?**
¿Qué emociones te llenarán cuando logres tus metas?
¿Qué impacto tendrá en tu vida y en la de los demás?
¿Qué legado te gustaría dejar en el mundo?

## Recuerda:

No hay sueños demasiado grandes o pequeños. Lo importante es que te apasionen y te inspiren a actuar. Tu viaje hacia tus sueños es único y personal. No te compares con los demás y sigue tu propio ritmo.

El camino no siempre será fácil, pero la recompensa de alcanzar tus metas es inigualable.

*¡Emprende hoy mismo
el viaje hacia tus sueños
y descubre el potencial ilimitado
que hay dentro de ti!*

## Llévalo en tu mente:

Sueña grande, vive con pasión, y deja que tu corazón sea tu brújula.

Tus sueños son las semillas de tu futuro. Riégalas con perseverancia, nútrelas con esperanza, y verás florecer la realidad.

El camino hacia tus sueños está pavimentado de desafíos, pero cada paso que das te acerca a la cima de tu grandeza.

No temas perseguir tus sueños, pues el mayor miedo es no haberlos vivido nunca.

Tus sueños son la voz de tu alma, escúchalos con atención y síguelos con valentía.

## Transformación de Elena: Viaje de "no sirvo" a "soy capaz".

*"Cada desafío es una oportunidad para descubrir la fortaleza que llevamos dentro."*

## La transformación de Elena: Un viaje de "no sirvo" a "soy capaz".

Elena era una mujer de 35 años que vivía con la sombra de una creencia limitante: "no sirvo". Esta idea la perseguía desde niña, impregnando cada área de su vida. En el trabajo, se sentía insegura y no se atrevía a tomar nuevos retos. En sus relaciones, se mostraba sumisa y toleraba comportamientos poco saludables. Y en su interior, una profunda tristeza la carcomía.

Un día, harta de vivir bajo el yugo de esa creencia, Elena decidió buscar ayuda. Conoció a Tomás, un coach experto en transformación de creencias limitantes. Tomás, con su mirada serena y su voz cálida, la guió en un viaje de autodescubrimiento.

### Paso 1: Identificar la creencia limitante:

Elena, junto a Tomás, exploró su pasado y presente. Analizaron las situaciones en las que se sentía incapaz y las emociones que la inundaban en esos momentos. Poco a poco, la frase "no sirvo" emergió como una constante en su vida.

### Descubriendo las raíces del pasado:
Elena y Tomás se embarcaron en un viaje introspectivo para comprender cómo el pasado condicionaba su presente. Exploraron su historia personal, buscando eventos y experiencias que

pudieran haber contribuido a la creencia limitante "no sirvo".

## Huellas del pasado:

### Momentos de crítica:
Identificaron situaciones en las que Elena había sido criticada o ridiculizada, especialmente durante su infancia o adolescencia. Estas experiencias negativas podrían haber erosionado su autoestima y sembrado la duda sobre sus capacidades.

### Comparaciones:
Analizaron las comparaciones que Elena solía hacer con otras personas, generalmente comparándose desfavorablemente y sintiéndose inferior. Este hábito de comparación podría haber alimentado la creencia de que no era lo suficientemente buena.

### Excesiva responsabilidad:
Elena tenía una tendencia a asumir responsabilidades excesivas y culparse por los errores o dificultades ajenas. Esta carga podría haberla agotado y hecho sentir que no era capaz de manejar las situaciones.

### Falta de reconocimiento:
Revisaron momentos en los que Elena no había recibido el reconocimiento o la validación que anhelaba por sus logros. Esta falta de apoyo podría haber debilitado su confianza en sí misma y en sus habilidades.

También hablaron de situaciones que activaban la creencia "no sirvo":

En el trabajo, y al afrontar nuevos retos, Elena se sentía insegura y temerosa de fallar. Incluso ante pequeñas dificultades, podía desanimarse y pensar que no era capaz de cumplir con las expectativas.

En las relaciones sociales Elena tendía a mostrarse sumisa y toleraba comportamientos poco saludables en sus relaciones por miedo a ser abandonada. Su baja autoestima la llevaba a pensar que "no merecía algo mejor".

En su interior Elena experimentaba una profunda tristeza y una constante sensación de no ser suficiente. Se criticaba duramente y se comparaba con los demás, alimentando la creencia de que no era capaz de alcanzar sus metas.

Todo ello la conducían a un miedo al fracaso Miedo constante a fallar y no estar a la altura de las expectativas, cosa que la paralizaba y le impedía tomar riesgos

La inseguridad la llevaba a una profunda falta de confianza en sí misma y en sus capacidades, dudando de su potencial para tener éxito.

Todo ello le hacía sentir avergonzada de sus errores y defectos, creyendo que no era lo suficientemente buena como para ser amada o aceptada.

Una profunda tristeza la acompañaba, producto de la desvalorización personal y la sensación de no ser suficiente.

La idea de que no podía cambiar su situación la llenaba de desánimo y le quitaba la esperanza de un futuro mejor.

El viaje de Elena hacia "soy capaz" comenzó con la comprensión de su pasado y cómo este la condiciona en el presente. Al identificar las experiencias que alimentan la creencia "no sirvo", Elena está lista para desafiarla y construir una nueva identidad basada en la confianza y el amor propio.

## Paso 2: Reestructurar la creencia limitante:

Tomás le mostró a Elena que esa creencia era solo una idea, no una realidad. La desafiaron con preguntas como:

¿Qué pruebas hay de que no sirves? ¿En qué situaciones has demostrado que sí eres capaz? ¿Quién te dijo que no sirves y por qué le has creído?

Siento que no sirvo para nada. Siempre cometo errores y no soy capaz de lograr mis metas.

¿Qué pruebas hay de que no sirves? ¿En qué situaciones has demostrado que sí eres capaz? Preguntó Tomás.

Bueno, siempre me equivoco en el trabajo. Mis jefes no están contentos conmigo y mis compañeros me superan.

¿Y qué hay de las veces que has tenido éxito?

¿Recuerdas algún proyecto que hayas completado con éxito o alguna situación difícil que hayas superado?

Sí, es verdad que he tenido algunos éxitos. Pero son solo eso, pequeños momentos. No creo que sea capaz de lograr algo realmente importante.

¿Quién te dijo que no sirves? ¿Por qué le has creído?

Nadie me lo ha dicho directamente. Pero siempre he sentido que no soy lo suficientemente buena. Mis padres me comparaban con mis hermanos y me decían que no era tan inteligente como ellos.

Es importante recordar que las opiniones de los demás no son la verdad absoluta. Solo tú puedes definir tu propio valor.

¿Qué te dice tu voz interior? ¿Qué te dice tu intuición?

Mi voz interior me dice que soy capaz, que puedo lograr mis metas si me esfuerzo. Pero tengo miedo de fallar, de no estar a la altura.

El miedo al fracaso es normal. Todos lo experimentamos en algún momento, respondió Tomás. Pero no podemos dejar que el miedo nos controle. Tenemos que aprender a afrontarlo y seguir adelante.

¿Cómo puedo hacerlo?

Hay muchas maneras de afrontar el miedo al fracaso. Puedes hablar con un terapeuta, leer libros de autoayuda o practicar técnicas de mindfulness. Lo importante es que no te rindas y que sigas creyendo en ti misma.

Gracias por tu apoyo. Intentaré seguir adelante y creer en mí misma.
Estoy seguro de que puedes hacerlo. Tienes todas las capacidades para lograr tus metas. Solo necesitas creer en ti misma.

## Recuerda:

No te definas por tus errores. Todos cometemos errores. Lo importante es aprender de ellos y seguir adelante.

Céntrate en tus fortalezas y en tus logros. Todos tenemos algo que ofrecer al mundo.

No te compares con los demás. Cada persona es única y tiene su propio ritmo.

Cree en ti misma. Tienes el potencial para lograr grandes cosas.

El camino hacia el éxito no es fácil, pero con esfuerzo, determinación y confianza en uno mismo, es posible alcanzar nuestras metas.

## Paso 3: Reemplazar la creencia limitante.

Juntos, construyeron una nueva creencia potenciadora: "Soy capaz". Esta frase se convirtió en un mantra que Elena repetía cada día, llenándola de fuerza y determinación.
Integración cerebral

Para fortalecer la nueva creencia, Tomás utilizó técnicas como la meditación y la visualización. Elena aprendió a conectar con su hemisferio derecho, potenciando su creatividad y su intuición. Además, se visualizó con más libertad, confianza, seguridad en sí misma, motivación y felicidad liberando el bloqueo emocional.

Elena, después de un proceso de transformación personal, se convirtió en una mujer segura de sí misma. En el trabajo, se atrevió a pedir un ascenso y ahora lidera un equipo con éxito. En sus relaciones, se muestra firme y establece límites sanos. Y en su interior, la tristeza se ha transformado en una profunda paz y satisfacción.

# Creencias Limitantes.

*"La verdadera libertad comienza
cuando cuestionamos
nuestras propias creencias."*

**LA JAULA DE LA MENTE** / FERNANDO DE CABO LANDIN

# Creencias Limitantes.
# Las jaulas invisibles que nos aprisionan.

## Reflexiones sobre las creencias limitantes

Imaginemos a un pájaro encerrado en una jaula. Sus alas, poderosas y llenas de potencial, forcejean contra los barrotes de metal, anhelando surcar el cielo y conocer la vastedad del mundo. Sin embargo, día tras día, el pájaro se rinde ante la fría realidad de su prisión, convencido de que escapar es imposible.

Al igual que este pájaro, nosotros también podemos estar atrapados en jaulas invisibles: las jaulas de nuestras creencias limitantes. Estas son ideas negativas y distorsionadas sobre nosotros mismos, sobre nuestras capacidades y sobre el mundo que nos rodea, que actúan como cadenas invisibles que nos impiden avanzar y alcanzar nuestros sueños.

Estas creencias limitantes pueden tener su origen en experiencias tempranas, en críticas recibidas, en comparaciones desfavorables o en fracasos vividos. Con el tiempo, se convierten en una parte integral de nuestra identidad, moldeando nuestra forma de pensar, sentir y actuar.

## Las consecuencias de las creencias limitantes son devastadoras:

**Nos impiden creer en nosotros mismos:** Nos susurran al oído que no somos lo suficientemente buenos, inteligentes o capaces para alcanzar nuestras metas.

**Nos llenan de miedo:** Nos aterrorizan la posibilidad del fracaso, del rechazo o de la incertidumbre.

**Nos sabotean el éxito:** Nos impiden tomar riesgos, nos paralizan ante los desafíos y nos llevan a conformarnos con menos de lo que merecemos.

**Nos alejan de la felicidad:** Nos llenan de frustración, resentimiento y una profunda sensación de insatisfacción con nuestras vidas.

**Pero la buena noticia es que podemos liberarnos de estas jaulas invisibles.** Al igual que el pájaro que rompe las barras de su prisión, nosotros también podemos desafiar nuestras creencias limitantes y construir una nueva realidad para nosotros mismos.

## ¿Cómo podemos hacerlo?

**Identificando nuestras creencias limitantes:** El primer paso es tomar conciencia de las ideas negativas que nos rondan por la cabeza. Presta atención a tus pensamientos y emociones, y pregúntate: ¿Esta creencia me ayuda o me limita?

**Cuestionando su veracidad:** Una vez que hayas identificado una creencia limitante, es hora de ponerla en duda. ¿Hay pruebas que respalden esta idea? ¿Es realmente cierta o solo es una distorsión de la realidad?

**Reemplazándolas por creencias potenciadoras:** Crea nuevas creencias positivas y realistas sobre ti mismo y tu potencial. Estas creencias deben ser motivadoras, inspiradoras y ayudarte a avanzar hacia tus metas.

**Rodéate de personas positivas:** Busca el apoyo de personas que te animen, te crean y te ayuden a ver lo mejor de ti mismo.

**Celebra tus logros:** Cada pequeño paso que des hacia la superación de tus creencias limitantes es un motivo de celebración. Reconoce tu progreso y siéntete orgulloso de ti mismo.

# Recuerda:

No estás solo en este viaje. Todos luchamos contra nuestras propias creencias limitantes. Lo importante es no rendirse y seguir adelante con la confianza de que eres capaz de lograr todo lo que te propongas.

*Al igual que el pájaro*
*que finalmente vuela libre,*
*tú también puedes liberarte*
*de las jaulas invisibles*
*de tus creencias limitantes*
*y extender tus alas*
*hacia un futuro brillante*
*y lleno de posibilidades.*

## Pasos para reconocer tus creencias limitantes

Las creencias limitantes son ideas negativas y distorsionadas sobre nosotros mismos, nuestras capacidades y el mundo que nos rodea, que actúan como cadenas invisibles que nos impiden avanzar y alcanzar nuestros sueños.

Identificarlas es el primer paso para superarlas y construir una vida más plena y satisfactoria. A continuación, te presento algunos pasos que puedes seguir para reconocer tus creencias limitantes:

### 1. Presta atención a tus pensamientos y emociones:

**¿Qué tipo de pensamientos te rondan por la cabeza?** ¿Son positivos o negativos? ¿Te animan o te desaniman?

**¿Cómo te sientes habitualmente?** ¿Eres feliz, triste, frustrado, ansioso o inseguro?

**¿Qué emociones experimentas en situaciones específicas?** ¿Te sientes capaz o incapaz? ¿Te motivas o te paraliza el miedo?

### 2. Identifica patrones:
¿Hay ciertos pensamientos o emociones que se repiten con frecuencia?

¿En qué situaciones surgen estas creencias limitantes?

¿Qué impacto tienen estas creencias en tu vida? ¿Te impiden tomar decisiones? ¿Te sabotean el éxito? ¿Te alejan de la felicidad?

## 3. Cuestiona la veracidad de tus creencias:
¿Hay pruebas que respalden estas ideas negativas?

¿Son realmente ciertas o solo son una distorsión de la realidad?

¿Qué pasaría si vieras las cosas desde una perspectiva diferente?

## 4. Reflexiona sobre el origen de estas creencias:
¿Cuándo surgieron por primera vez estas creencias limitantes?

¿Hubo algún evento o experiencia que las haya impulsado?

¿Qué papel han jugado otras personas en el desarrollo de estas creencias?

## 5. Sé honesto contigo mismo:
Admitir que tienes creencias limitantes puede ser difícil, pero es el primer paso para superarlas.

No te juzgues ni te critiques por tener estas ideas negativas.

Recuerda que todos tenemos creencias limitantes en algún momento de nuestras vidas.

## Recuerda:

No estás solo en este viaje. Todos luchamos contra nuestras propias creencias limitantes.

Lo importante es no rendirse y seguir adelante con la confianza de que eres capaz de lograr todo lo que te propongas.

# Cuestionario para identificar creencias limitantes

## Instrucciones:

Responde cada pregunta con honestidad y sinceridad. No hay respuestas correctas o incorrectas, el objetivo es que tomes conciencia de tus pensamientos y emociones.

**1. ¿Con qué frecuencia te dices cosas negativas a ti mismo/a?**
- Nunca
- Rara vez
- A veces
- A menudo
- Siempre

**2. ¿Te sientes incapaz de alcanzar tus metas?**
- Nunca
- Rara vez
- A veces
- A menudo
- Siempre

**3. ¿Te comparas con los demás y te sientes inferior?**
- Nunca
- Rara vez
- A veces
- A menudo
- Siempre

**4. ¿Te da miedo tomar riesgos o probar cosas nuevas?**
- Nunca
- Rara vez
- A veces
- A menudo
- Siempre

**5. ¿Te rindes fácilmente cuando te enfrentas a un desafío?**
- Nunca
- Rara vez
- A veces
- A menudo
- Siempre

**6. ¿Crees que no eres lo suficientemente bueno/a para tener éxito?**
- Nunca
- Rara vez
- A veces
- A menudo
- Siempre

**7. ¿Te saboteas a ti mismo/a antes de alcanzar tus metas?**
- Nunca
- Rara vez
- A veces
- A menudo
- Siempre

**8. ¿Te cuesta creer en ti mismo/a?**
- Nunca

- Rara vez
- A veces
- A menudo
- Siempre

**9. ¿Te sientes como si no tuvieras el control de tu vida?**
- Nunca
- Rara vez
- A veces
- A menudo
- Siempre

**10. ¿Te criticas duramente cuando cometes un error?**
- Nunca
- Rara vez
- A veces
- A menudo
- Siempre

## Resultados:

Si has respondido "a veces", "a menudo" o "siempre" a varias de estas preguntas, es posible que tengas creencias limitantes que te estén impidiendo alcanzar tu pleno potencial.

## Recuerda:

"Las creencias limitantes son como grilletes invisibles que te atan a la mediocridad. Rómpelos y vuela hacia la libertad de tu máximo potencial."

"No eres lo que piensas que eres. Eres lo que crees que puedes ser. Libérate de las jaulas de tu mente y conquista tus sueños."

"Tus creencias son el motor de tu vida. Elige aquellas que te impulsan hacia adelante, no las que te arrastran hacia atrás."

"El único enemigo que te impide alcanzar el éxito eres tú mismo, con tus creencias limitantes. Conviértete en tu mejor aliado y confía en tu poder ilimitado."

"Las creencias limitantes son como sombras que te persiguen. Enfréntalas con la luz de la verdad y observa cómo se desvanecen en el olvido."

# La libertad de crear.

*"Las creencias
son los cimientos invisibles
sobre los cuales
construimos nuestras vidas."*

## La libertad de crear.

Elena se encontraba en su taller, un espacio caótico y colorido que reflejaba la tormenta de emociones que habitaba en su interior. Frente a ella, un lienzo en blanco la desafiaba, un juez implacable ante el que se exponía con cada pincelada.

Las manos de Elena temblaban mientras sujetaba el pincel, cargado de óleo y de miedo.
Una voz insidiosa susurraba en su mente: "No eres lo suficientemente buena. Tus obras son mediocres. Nadie te tomará en serio".

A pesar del terror que la atenazaba, Elena no se rendía. Su pasión por el arte era una fuerza poderosa que la impulsaba a seguir adelante, a plasmar en el lienzo las imágenes que bullían en su imaginación.

Su arte era visceral, una expresión pura de sus emociones. No importaba si era alegría o tristeza, furia o paz, cada sentimiento encontraba su lugar en el lienzo. Elena pintaba sin filtros, sin censura, sin miedo al juicio.

Un día, mientras luchaba con una nueva obra, un anciano de mirada serena y sonrisa amable se acercó a su taller. Observó con detenimiento sus pinturas y, con voz suave, le dijo: "Tienes un talento excepcional, Elena. Tu arte es único, lleno de pasión y verdad".

Las palabras del anciano fueron un bálsamo para el alma de Elena. Por primera vez en mucho tiempo, alguien apreciaba su arte sin reservas. Se sintió comprendida, validada.
El anciano le habló de la ley de la creencia: "Lo que crees es lo que creas", le dijo. "¿Qué crees tú de tu arte, Elena?".

Elena, con la confianza renovada por las palabras del anciano, respondió: "Creo que mi arte es auténtico, una expresión honesta de mi ser. No importa si a otros les gusta o no, lo importante es que yo disfrute del proceso de crear".

El anciano sonrió y le dijo: "Esa es la clave, Elena. La libertad de crear sin ataduras, sin miedo al juicio. Sigue pintando con pasión, sintiéndote libre de expresar tu verdad. Tu arte tiene el poder de tocar corazones y transformar vidas".

Elena se despidió del anciano con el corazón rebosante de esperanza. Desde ese día, su arte se liberó de las cadenas del miedo. Sus obras, impregnadas de una autenticidad aún mayor, conmovieron al público y la catapultaron al éxito.

Elena había descubierto que la brújula interior que la guiaba hacia el éxito no estaba en la opinión de los demás, sino en la libertad de expresar su ser a través del arte.

## Recuerda:

Una creencia es algo en lo que creemos o pensamos que es verdad. Es como una idea o convicción que tenemos en nuestra mente, basada en lo que hemos visto, experimentado o aprendido. Las creencias nos ayudan a entender el mundo y a tomar decisiones en la vida.

## ¿Qué nos aporta una creencia?

- Orientación: Las creencias nos ayudan a entender cómo funciona el mundo y cómo comportarnos en él.
- Sentimiento de seguridad: Nos hacen sentir más seguros y estables emocionalmente al tener un conjunto de ideas en las que confiamos.
- Motivación: Cuando creemos en algo, nos da la motivación para seguir adelante y trabajar hacia nuestros objetivos.

## ¿Qué nos quita una creencia?

- Limitaciones: Algunas creencias pueden limitarnos al hacernos pensar que no podemos hacer ciertas cosas.
- Flexibilidad mental: Si nuestras creencias son muy rígidas, podemos tener dificultades para adaptarnos a nuevas situaciones.
- Bienestar emocional: Las creencias negativas sobre nosotros mismos pueden afectar nuestra autoestima y hacernos sentir mal.

## ¿Cómo identificar una creencia?

Observándonos a nosotros mismos: Presta atención a tus pensamientos y emociones para ver si hay patrones en cómo piensas.

Preguntándonos por qué creemos lo que creemos:

Cuestiona tus propias ideas y piensa en cómo te afectan en la vida diaria.

Escuchando a otras personas: A veces, otros pueden ayudarnos a ver nuestras creencias al mostrarnos cómo nos comportamos o reaccionamos.

Mirando hacia atrás en nuestras experiencias: Piensa en cómo tus creencias han influido en tus decisiones y resultados en el pasado.

Al entender nuestras creencias y cómo nos afectan, podemos tomar decisiones más conscientes sobre qué creer y cómo eso influye en nuestra vida. Esto nos ayuda a crecer y adaptarnos mejor a los desafíos que enfrentamos.

## Explorando mis creencias

**1. Sobre ti mismo/a:**
¿Qué pienso acerca de mí mismo/a?

¿Qué cualidades creo que tengo?

¿Cuáles son mis fortalezas y debilidades?

**2. Sobre el mundo y cómo funciona:**
¿Qué creo sobre la naturaleza de las personas?

¿Qué opinión tengo sobre la vida y sus desafíos?

¿Cómo veo el éxito y el fracaso?

**3. Sobre los demás y sus intenciones:**
¿Confío en las personas fácilmente o tiendo a desconfiar?

¿Qué suposiciones hago sobre las intenciones de los demás?

¿Creo que la mayoría de la gente es honesta y digna de confianza?

**4. Sobre el futuro:**
¿Qué expectativas tengo sobre lo que me depara el futuro?

¿Creo que puedo influir en mi propio destino?

¿Espero lo mejor o tiendo a preocuparme por lo peor?

## Rompiendo Creencia

**1. Identificación de creencias limitantes:**
¿Recuerdo momentos en mi pasado en los que tuve pensamientos negativos sobre mí mismo/a o mis habilidades?

¿Qué creencias solía tener sobre mis capacidades, mi valía personal o mi potencial?

## 2. Eventos de cambio o superación:
¿Puedo identificar situaciones específicas en las que desafié una creencia limitante sobre mí mismo/a?

¿Qué me motivó a actuar de manera contraria a esa creencia?

## 3. Resultados y aprendizajes:
¿Qué sucedió después de romper con esa creencia limitante?

¿Cómo cambió mi vida o mi perspectiva?

¿Qué aprendí de esa experiencia? ¿Hubo algún resultado positivo o lección importante que obtuve?

## 4. Reconocimiento de patrones:
¿Hay patrones en mi historia personal donde he enfrentado y superado creencias limitantes?

¿Qué puedo aprender de estos patrones sobre mi capacidad para adaptarme y crecer?

## 5. Impacto en mi autoestima y bienestar:
¿Cómo afectaron estas experiencias mi autoestima y confianza en mí mismo/a?

¿Hubo momentos en los que me sentí más fuerte y capaz después de desafiar una creencia negativa?

**6. Aplicación en el presente:**
¿Cómo puedo aplicar lo que aprendí de estas experiencias en mi vida actual?

¿Qué nuevas creencias positivas puedo cultivar para seguir creciendo y superando desafíos?

# Frases Celebres

*"Cree en ti mismo y en todo aquello que eres. Sabe que hay algo dentro de ti que es más grande que cualquier obstáculo."*
Christian D. Larson

*"Tus creencias se convierten en tus pensamientos, tus pensamientos se convierten en tus palabras, tus palabras se convierten en tus acciones, tus acciones se convierten en tus hábitos, tus hábitos se convierten en tu destino."*
Mahatma Gandhi

*"Si crees que puedes, o si crees que no puedes, tienes razón."*
Henry Ford

*"No son nuestras creencias las que nos hacen fracasar, son nuestras dudas."*
Confucio

*"Las creencias tienen el poder de crear y el poder de destruir. Los seres humanos tienen la impresionante capacidad de llevar a cabo sus creencias."*
Norman Vincent Peale

## Dinámica de grupo

Una dinámica de grupo sobre las creencias puede ser una excelente forma de explorar y reflexionar sobre las creencias personales de cada participante y cómo estas influyen en sus pensamientos y acciones. Aquí te propongo una dinámica interactiva que puedes utilizar:

## "Explorando Nuestras Creencias"

Objetivo de la Dinámica: Reflexionar sobre las creencias personales, identificar creencias limitantes y promover el desarrollo de creencias más positivas y empoderadoras.

**Materiales Necesarios:**
Papel, bolígrafos, y una pizarra o espacio para escribir.

## Instrucciones:

**1. Introducción (10 minutos):**
    Explica el propósito de la dinámica: explorar y compartir nuestras creencias personales.
    Define qué son las creencias y cómo pueden influir en nuestra vida diaria.

**2. Ejercicio Individual (15 minutos):**
    Entrega hojas de papel y bolígrafos a cada participante.

Pide a cada persona que escriba al menos tres creencias personales que influyan en cómo se ven a sí mismos, cómo interactúan con los demás o cómo abordan los desafíos.

Anima a los participantes a ser honestos y reflexivos en sus respuestas.

### 3. Compartir en Parejas (10 minutos):

Forma parejas entre los participantes.

Pide a cada pareja que comparta las creencias que escribieron y discutan cómo estas creencias han afectado sus vidas.

Fomenta la escucha activa y el intercambio abierto.

### 4. Discusión en Grupo (20 minutos):

Invita a algunos voluntarios a compartir una de sus creencias y cómo ha influido en sus experiencias.

Anima a otros participantes a hacer preguntas o compartir pensamientos sobre las creencias compartidas.

Facilita una discusión reflexiva sobre cómo podemos identificar y cambiar creencias limitantes por creencias más positivas y constructivas.

### 5. Reflexión Final (5 minutos):

Cierra la dinámica invitando a los participantes a reflexionar sobre lo aprendido.

Pregunta qué acciones concretas pueden tomar para desafiar y cambiar creencias limitantes en sus vidas.

## Afinando la sintonía.

*La Sintonía
es el eco del alma
resonando en cada
decisión que tomamos.*

**LA JAULA DE LA MENTE** / FERNANDO DE CABO LANDIN

## Afinando la sintonía

Ana, una mujer de 32 años con mirada melancólica y sonrisa tímida, se encontraba en el taller de su amigo Miguel, un artista de mirada serena y palabra sabia. Su rostro reflejaba la frustración que la atormentaba: "Siempre atraigo a las personas equivocadas, me meto en situaciones complicadas y siento que mi vida es un caos", se lamentó.

Ana, desde pequeña, había vivido en un entorno familiar conflictivo. Sus padres discutían constantemente y ella se sentía culpable por no poder hacer nada para evitarlo. Esta experiencia la marcó profundamente y le dejó una profunda herida emocional.

Como consecuencia, Ana desarrolló una baja autoestima y una visión negativa del mundo. Se consideraba una persona poco atractiva y sin suerte en el amor. Además, tenía miedo al fracaso y evitaba tomar riesgos.

Un día, Ana conoció a Miguel, un artista que le transmitió una paz y una alegría contagiosas. Miguel, con su sabiduría y experiencia, le habló de la ley de la sintonía y le enseñó cómo cambiar su vibración interna para atraer experiencias positivas a su vida.
Miguel le explicó que su mente era como un imán que vibraba en una frecuencia determinada, atrayendo hacia sí lo que vibraba en una frecuencia similar. Sus pensamientos, emociones y creencias creaban esa

frecuencia, determinando la calidad de sus experiencias.

Ana, conmovida por las palabras de Miguel, decidió tomar las riendas de su vida y embarcarse en un viaje de transformación personal. Siguiendo los consejos de su mentor, comenzó a cultivar pensamientos de paz, amor y confianza en sí misma.

Practicaba la meditación a diario, visualizando imágenes positivas y repitiendo afirmaciones que la empoderaban. También se rodeó de personas positivas que la apoyaban en su camino y le brindaban un espacio de confianza y crecimiento.

Al principio, el camino no fue fácil. Los pensamientos negativos y las emociones limitantes la asaltaban constantemente. Sin embargo, Ana no se rindió. Perseveró en su práctica, con la firme determinación de cambiar su realidad.

Poco a poco, Ana comenzó a sentir una transformación en su interior. Su autoestima se fortaleció, su visión del mundo se volvió más positiva y comenzó a atraer a personas y experiencias que vibraban en la misma frecuencia de paz y alegría que ella cultivaba.

Con el tiempo, Ana se convirtió en una mujer radiante, segura de sí misma y con una profunda conexión con su interior. Su vida se llenó de relaciones sanas, oportunidades gratificantes y una sensación de plenitud que nunca antes había experimentado.

Ana comprendió que la ley de la sintonía era una herramienta poderosa que podía utilizar para crear la vida que siempre había deseado. Su historia es un mensaje inspirador del poder de la transformación personal, un faro de esperanza para todos aquellos que buscan cambiar su destino y crear una realidad mejor.

## Recuerda:

La sintonía entre nuestros valores y nuestras acciones es la armonía entre lo que creemos y lo que hacemos en la vida diaria. Cuando logramos esta sintonía, nuestras acciones reflejan consistentemente los valores que consideramos importantes.

La falta de sintonía puede llevarnos a sentirnos insatisfechos, desorientados o en conflicto con nosotros mismos, generando estrés y ansiedad. La desconexión entre valores y acciones puede disminuir nuestro sentido de propósito.

En contraste, la sintonía entre valores y acciones aporta integridad personal y satisfacción, permitiéndonos vivir de manera coherente y significativa, lo que contribuye a nuestra felicidad y bienestar general.

## ¿Dónde me encuentro?

1. ¿En este momento, te sientes en armonía con tus acciones y decisiones?

2. ¿Los valores que consideras importantes están guiando tus elecciones hoy?

3. ¿Cómo te sientes emocionalmente respecto a la congruencia entre tus valores y tus comportamientos en el día de hoy?

Estas preguntas pueden ayudarte a reflexionar sobre tu nivel de sintonía actual con tus valores y principios personales. Tómate un momento para considerar cada pregunta y evaluar tu estado emocional y mental en relación con la alineación entre tus valores y acciones en el día de hoy.

## Reviviendo en mi interior

1. ¿Puedes recordar un momento en el pasado donde te sentiste completamente en sintonía contigo mismo/a y con tus acciones? Describe brevemente esa experiencia.

2. Durante esa experiencia de sintonía, ¿qué emociones predominaban en ti? ¿Cómo te sentías emocionalmente en ese momento de plena armonía?

3. ¿Qué valores personales crees que estaban siendo honrados o reflejados durante esa vivencia de sintonía? ¿Por qué esos valores eran significativos para ti en ese momento?

# Frases Célebres

*"La autenticidad requiere una cierta medida de sintonía entre lo que piensas, dices y haces."*
- Bobby F. Kimbrough Jr.

*"La verdadera felicidad proviene de la armonía entre lo que piensas, lo que dices y lo que haces."*
- Mahatma Gandhi.

*"La coherencia es el corazón de la virtud; no deberíamos sinceramente amar lo que es bueno, sin odiar lo que es malo."*
- Michel de Montaigne.

*"Cuando nuestras acciones están en línea con nuestros valores, la vida tiene un significado y esencialmente estamos satisfechos."*
- Simón Sinek.

*"La coherencia no es simplemente una virtud; es el alma de una gran personalidad."*
- George Henry Lewes.

*"La felicidad es cuando lo que piensas, lo que dices y lo que haces están en armonía."*
- Proverbio hindú.

*"La paz viene de dentro. No busques afuera."*
- Buda.

## Una dinámica

Identificar tus valores personales puede ser una tarea significativa y reveladora. Aquí te propongo una dinámica que te ayudará a explorar y descubrir cuáles son esos valores importantes para ti:

**1. Reflexión Inicial:**
Tómate un tiempo para reflexionar sobre momentos significativos en tu vida. Piensa en situaciones en las que te hayas sentido especialmente feliz, satisfecho, orgulloso o pleno. También considera momentos difíciles o desafiantes que hayas superado. Estos eventos pueden revelar pistas sobre tus valores.

**2. Identificación de Valores:**
En una hoja de papel, haz una lista inicial de posibles valores que consideres importantes. Algunos ejemplos comunes incluyen honestidad, respeto, familia, creatividad, autonomía, solidaridad, entre otros.

**3. Priorización:**
Revisa tu lista y prioriza tus valores. Puedes asignarles números del 1 al 10 según su importancia para ti, donde 10 es el valor más importante y 1 es el menos importante.

**4. Selección Final:**
Elige tus 5 valores principales de la lista. Estos serán los valores centrales que guían tus decisiones y comportamientos.

## 5. Visualización Creativa:

Utiliza lápices de colores o marcadores para representar visualmente cada uno de tus valores seleccionados. Por ejemplo, asigna un color específico a cada valor y crea un símbolo o dibujo simple que represente ese valor en tu hoja de papel.

## 6. Análisis:

Observa tu representación visual de tus valores. Reflexiona sobre por qué estos valores son importantes para ti y cómo se reflejan en tu vida diaria.

## 7. Aplicación Práctica:

Lleva contigo tu lista de valores o tu representación visual. Utilízalos como referencia al tomar decisiones importantes o enfrentar desafíos en tu vida. Pregúntate si tus acciones están alineadas con tus valores principales.

Esta dinámica te permitirá explorar y aclarar tus valores personales de una manera práctica y creativa. Recuerda que identificar y vivir de acuerdo con tus valores puede proporcionarte una mayor claridad y satisfacción en tu vida.

**LA JAULA DE LA MENTE** / FERNANDO DE CABO LANDIN

# Autenticidad: Un encuentro transformador.

*La autenticidad  
es el reflejo de la luz interior que brilla  
sin temor a las sombras.*

## Autenticidad: Un encuentro transformador.

En un pequeño pueblo costero vivía un joven llamado Miguel, un artista en ciernes que sufría una profunda desdicha. Su pasión por la pintura se tambaleaba bajo el peso de la obligación familiar. Su padre, un hombre tradicional, insistía en que Miguel siguiera sus pasos en el negocio familiar, renunciando a su sueño de crear obras que expresaran su alma.

Atormentado por la duda y la culpa, Miguel decidió buscar respuestas. Emprendió un viaje a la montaña, donde se decía que vivía un sabio ermitaño conocido por su profunda sabiduría. Tras una ardua caminata, Miguel llegó a la humilde cabaña del anciano.

El sabio, con ojos que reflejaban la paz de la naturaleza, lo recibió con una sonrisa cálida.

Miguel, con voz temblorosa, le expuso su conflicto interno. El anciano, en lugar de ofrecer respuestas directas, lo guio hacia el autodescubrimiento a través de la mayéutica.

¿Qué te hace sentir vivo?", preguntó el sabio. La pregunta resonó en el corazón de Miguel, quien, por primera vez, se permitió explorar sus emociones más profundas. "La pintura", respondió con un hilo de voz, "me llena de una alegría inexplicable. Es como si mi alma se expresara a través de los colores y las formas".

El anciano asintió con sabiduría. "Tu pasión es la brújula que te guía hacia tu verdadero ser. La autenticidad reside en vivir en armonía con tu esencia, sin importar las expectativas de los demás".

Las palabras del sabio encendieron una llama en el corazón de Miguel. Comprendió que la verdadera felicidad no se encontraba en la complacencia, sino en la valentía de ser uno mismo.

De regreso a su pueblo, Miguel no se rindió ante las dificultades. Enfrentó con firmeza la oposición de su padre, expresando con pasión su deseo de vivir como artista. El camino no fue fácil, pero la convicción de Miguel era inquebrantable, por lo que decidió hablarlo con él:

Papá, gracias por aceptar hablar conmigo. He estado pensando mucho en nuestra última conversación sobre mi futuro.

Claro, hijo. Estoy aquí para escucharte.

Verás, papá, entiendo tu preocupación por mi seguridad y estabilidad. Agradezco tu sacrificio por la familia. Sin embargo, siento que no estoy viviendo mi vida al máximo.

¿A qué te refieres, hijo?

Desde niño, siempre me ha fascinado la música. Soñaba con componer e interpretar mis propias canciones. Pero por complacerte, estudié ingeniería y ahora trabajo en una oficina. No me siento realizado.

Pero la música es un camino inestable, hijo. No hay garantía de éxito.

Lo sé, papá. Pero no puedo negar mi pasión. La música me llena de vida, me permite expresarme como ninguna otra cosa. Y para mí, eso es éxito, sentirme realizado.
(Silencio) Tienes razón, hijo. He sido egoísta al no considerar tu felicidad.

No te culpo, papá. Solo quiero que entiendas que necesito seguir mi sueño. No quiero vivir con el resentimiento de no haberlo intentado.

El padre conmovido le dijo: Te admiro, hijo. Tienes la valentía que yo nunca tuve.
Gracias, papá. Eso significa mucho para mí.

Te apoyaré en tu camino, hijo. No importa lo que pase, siempre estaré orgulloso de ti.

Te quiero, papá.

Yo también te quiero, hijo.

En ese momento, Miguel se abraza a su padre experimentando ambos una profunda conexión y una renovada comprensión mutua.

Miguel, ahora en un estado de mayor madurez, asume el rol de adulto responsable. Se convierte en un padre nutritivo para su propio sueño, cuidándolo y protegiéndolo. Al mismo tiempo, conserva su espíritu de niño libre, lleno de creatividad y pasión por la música.

El diálogo ha permitido que Miguel y su padre se comuniquen con honestidad y respeto. Miguel ha logrado expresar su verdad sin desafiar la autoridad de su padre, sino más bien invitándolo a reflexionar sobre sus propios valores.

Miguel sintió que cuando somos honestos con nosotros mismos y con los demás, podemos construir relaciones más fuertes y vivir una vida más plena.

Con el tiempo, Miguel no solo logró el éxito como artista, sino que también inspiró a su padre a descubrir su propia pasión. La transformación de Miguel evidenció el poder de la Ley de la Autenticidad: cuando vives en coherencia con tu ser, inspiras a los demás a hacer lo mismo.

La historia de Miguel es un canto a la valentía, la resiliencia y la búsqueda del yo interior. Nos recuerda que la autenticidad es la fuerza más poderosa que podemos poseer, capaz de transformar no solo nuestras vidas, sino también el mundo que nos rodea.

## Recuerda:

"La Autenticidad", destaca la importancia de creer y actuar en congruencia con tus valores y auténtico ser. Las creencias auténticas alineadas contigo mismo/a tienen un poder transformador cuando se basan en la integridad y la realidad.

Vivir desde la autenticidad implica aceptar y cultivar creencias que resuenan con tu verdadero ser y tus deseos fundamentales.

La autenticidad te conecta con tu propósito de vida y te ayuda a tomar decisiones alineadas con tus valores más profundos.

Cultivar creencias auténticas activa tu intuición, sabiduría interna y honestidad, lo que te permite actuar con seguridad y coherencia.

Las creencias auténticas proporcionan una base sólida para el crecimiento personal y la transformación.

Vivir desde la autenticidad genera una influencia positiva en ti mismo/a y en las experiencias que atraes, afectando también a los demás.

## Explorando mi autenticidad

1. ¿Qué valores son más importantes para mí en la vida? Identifica tus valores fundamentales y cómo se reflejan en tus decisiones y acciones diarias.

2. ¿Cuáles son mis pasiones e intereses genuinos? Piensa en las actividades o temas que te emocionan y te hacen sentir realizado/a.

3. ¿Cuáles son mis fortalezas y debilidades? Reconoce tus habilidades naturales y áreas en las que puedes mejorar.

4. ¿Qué experiencias me han definido o influenciado profundamente? Reflexiona sobre eventos pasados que han moldeado tu identidad y perspectivas actuales.

5. ¿Cómo me veo a mí mismo/a en comparación con cómo me ven los demás? Explora si tu imagen externa y tu percepción interna están alineadas o si hay discrepancias.

6. ¿Qué tipo de entorno o relaciones me hacen sentir más auténtico/a? Piensa en las situaciones en las que te sientes más cómodo/a siendo tú mismo/a.

7. ¿Cuándo me siento más realizado/a y satisfecho/a conmigo mismo/a? Identifica momentos en los que experimentas plenitud y conexión con tu verdadero ser.

8. ¿Qué actividades o roles me gustaría explorar más en mi vida? Considera nuevas oportunidades que te permitan expresar tu autenticidad y crecer personalmente.

9. ¿Qué cambios o ajustes puedo hacer para vivir más auténticamente? Piensa en pequeños pasos o

decisiones que puedas tomar para alinearte mejor con tu verdadero ser.

10. ¿Qué me impide ser completamente auténtico/a en ciertas áreas de mi vida? Identifica posibles obstáculos internos o externos que te impiden expresarte plenamente.

## Explorando mis transformaciones

1. ¿Qué decisiones o elecciones hice en el pasado que estaban alineadas con mis valores más profundos? Reflexiona sobre momentos en los que actuaste auténticamente, basándote en tus creencias y principios fundamentales. Identifica cómo esas decisiones contribuyeron a tu bienestar y satisfacción personal.

2. ¿Cuándo experimenté una conexión genuina con mi verdadero yo en situaciones pasadas? Piensa en momentos específicos en los que te sentiste auténtico/a y en armonía contigo mismo/a. Identifica los contextos, relaciones o actividades que te permitieron ser totalmente tú mismo/a.

3. ¿Qué lecciones valiosas puedo extraer de mis experiencias pasadas para vivir con más autenticidad en el presente? Analiza cómo tus experiencias pasadas pueden servir como recursos para fortalecer tu autenticidad actual. Considera qué aprendiste sobre ti mismo/a y cómo puedes aplicar esas lecciones para tomar decisiones más alineadas con tu verdadero ser.

# Frases Celebres

*"Ser libre no es solamente deshacerse de las cadenas de uno, sino vivir de una forma que respete y mejore la libertad de los demás."*
Nelson Mandela:

*"Sé el cambio que quieres ver en el mundo."*
Mahatma Gandhi.

*"La no violencia es la mayor fuerza que posee la humanidad. Es más poderosa que el arma de destrucción más potente creada por el ingenio del hombre."*
Mahatma Gandhi.

*"Cada persona debe vivir su vida como un modelo para los demás."*
Rosa Parks,

## Dinámica de Grupo

Una dinámica de grupo efectiva para explorar el tema de la autenticidad y la integridad podría ser la siguiente:

## "La Máscara que Llevo"

**Objetivo:** Promover la reflexión sobre la autenticidad personal y la importancia de ser genuino/a en las interacciones diarias.

**Materiales Necesarios:** Papel, lápices o bolígrafos.

## Instrucciones:
**1. Preparación Inicial:**
Reúne a los participantes en un espacio cómodo y asegúrate de que todos tengan papel y bolígrafos.
Explica brevemente el tema de la autenticidad y por qué es importante ser uno mismo/a en todas las áreas de la vida.

**2. Ejercicio Principal:**
Pide a cada participante que tome un papel y divídelo en dos secciones. En la primera sección, deben escribir o dibujar cómo se presentan a sí mismos/as en situaciones públicas o con personas que no conocen bien. Esto puede incluir características, comportamientos o actitudes que sienten que proyectan hacia los demás.

En la segunda sección, pide a los participantes que escriban o dibujen cómo realmente se sienten o se comportan cuando están solos/as o con personas cercanas en quienes confían completamente. Esto puede incluir emociones, deseos o aspectos de su personalidad que no suelen mostrar públicamente.

### 3. Compartir y Reflexionar:
Después de dar tiempo suficiente para completar las dos secciones, invita a los participantes a compartir sus reflexiones de forma voluntaria. Pueden hacerlo en parejas o en grupos pequeños.

Fomenta la discusión sobre las diferencias entre la máscara que a veces usamos en público y nuestra verdadera identidad interna.

Anima a los participantes a reflexionar sobre cómo la autenticidad puede impactar sus relaciones interpersonales y su bienestar emocional.

### 4. Cierre y Conclusiones:
Concluye la dinámica destacando la importancia de ser auténtico/a y genuino/a en todas las áreas de la vida.

Pide a los participantes que piensen en cómo pueden cultivar una mayor autenticidad en sus interacciones diarias y cómo esto puede contribuir a su sentido de integridad y satisfacción personal.

Esta dinámica permite a los participantes explorar la dualidad entre la imagen que proyectan hacia el exterior y su verdadero yo interno, fomentando así una mayor conciencia sobre la autenticidad y la importancia de vivir en coherencia con uno mismo/a.

**LA JAULA DE LA MENTE** / FERNANDO DE CABO LANDIN

# Resistir o Fluir.

*"El secreto del fluir
radica en soltar
lo que ya no nos pertenece."*

# Resistir o Fluir.

El sol se filtraba entre las hojas de los árboles, creando un mosaico de luz y sombra en el pequeño jardín donde Elena se encontraba sentada. Su rostro reflejaba una mezcla de incertidumbre y esperanza mientras esperaba la llegada del maestro. La había buscado desesperada, buscando respuestas a las preguntas que la atormentaban.

Un hombre de mirada serena y sonrisa amable se acercó a ella. Era el maestro, un ser lleno de sabiduría y experiencia. Se sentó a su lado y, con voz suave, le preguntó:

- Elena, ¿qué te trae por aquí?

Ella respiró hondo y, con la voz entrecortada, respondió:

- Maestro, siento que una fuerza invisible me frena. Tengo sueños, anhelos, pero algo me impide alcanzarlos. Es como si una barrera me separara de la vida que deseo.

El maestro la miró con comprensión y le dijo:

- Esa barrera, Elena, es la resistencia. Es la fuerza que surge de las creencias o ideas que albergamos en nuestro interior y que nos frenan o limitan a la hora de avanzar hacia lo que queremos o deseamos

- ¿ideas que frenan? -preguntó Elena con curiosidad.

- Sí -continuó el maestro-. Son ideas negativas que tenemos sobre nosotros mismos, nuestras capacidades o nuestro potencial. Creencias como "no soy lo suficientemente bueno", "no lo merezco", "no puedo lograrlo".

Elena se quedó en silencio, reflexionando sobre las palabras del maestro. De repente, una luz se encendió en su interior.

- ¡Sí! -exclamó-. ¡Esas son las voces que me atormentan! Me dicen que no soy capaz, que nunca alcanzaré mis sueños.

- Esas voces, Elena, son solo ecos del pasado -dijo el maestro-. No son la verdad. Tú eres mucho más que tus pensamientos limitantes. Eres un ser con un potencial infinito.

El maestro le habló entonces de la importancia de identificar esas creencias y desafiarlas. Le enseñó a preguntarse y a responderse a su misma, una técnica para llegar a la verdad
a través de preguntas y respuestas.

Elena, con la guía del maestro, comenzó a explorar su interior. Comenzó a hacerse preguntas:

¿Qué me impide alcanzar mis sueños?

¿Cuáles son mis miedos más profundos?

¿De qué me quiero liberar?

¿Qué situaciones o personas me generan incomodidad o me bloquean?

¿Por qué me siento estancada?

¿Qué puedo hacer para cambiar mi situación?

Se dio cuenta de que muchas de sus creencias limitantes provenían de experiencias pasadas, de comentarios de otras personas o de su propia inseguridad.

A medida que desafiaba esas creencias, Elena comenzó a sentir una transformación interior. Su confianza en sí misma creció y su visión del mundo se amplió. Se dio cuenta de que era capaz de mucho más de lo que había imaginado.

Un día, Elena regresó al jardín donde se había encontrado con el maestro. Ya no era la misma persona. Su rostro ahora brillaba con una luz de esperanza y determinación.

- Maestro -dijo con una sonrisa radiante-, he vencido la resistencia. He aprendido a desafiar mis creencias limitantes y ahora estoy lista para conquistar mis sueños.

El maestro la miró con satisfacción y le dijo:

- Siempre lo has estado, Elena. Solo necesitabas descubrir tu propia fuerza.

Elena se despidió del maestro y emprendió su camino con paso firme. Sabía que el viaje no sería fácil, pero también sabía que tenía las herramientas necesarias para superar cualquier obstáculo. La resistencia había sido vencida. La vida que ella deseaba estaba ahora a su alcance.

## Recuerda:

### 1. Creencias Limitantes Generan Resistencia:
Las creencias como "No soy lo suficientemente bueno/a" o "No merezco el éxito" crean resistencias internas que obstaculizan nuestro progreso. Estas creencias actúan como barreras psicológicas que limitan nuestro potencial y nos impiden avanzar.

### 2. Profecía Autocumplida:
Las creencias negativas pueden convertirse en profecías autocumplidas. Cuando creemos firmemente en algo negativo sobre nosotros mismos, es más probable que actuemos de manera consistente con esas creencias, reforzando así su validez en nuestra mente.

### 3. Las creencias limitantes:
Generan un torrente de emociones negativas como miedo, dudas y baja energía física. Esto afecta directamente nuestra calidad de vida y nuestra capacidad para disfrutar y aprovechar nuestras cualidades.

### 4. identificar y cuestionar creencias que nos limitan.

Ello nos permite deshacernos gradualmente de ellas y abrirnos a nuevas posibilidades.

### 5. Superar la resistencia:
Implica un cambio interno profundo. Requiere desafiarnos a nosotros mismos y estar dispuestos a cambiar nuestras creencias arraigadas para liberar nuestro potencial.

### 6. Eliminar creencias limitantes
Es un proceso gradual y a veces prolongado, similar a quitar un tatuaje. Requiere perseverancia y repetición en desafiar esas creencias hasta que pierdan su poder sobre nosotros.

### 7. Liberarse de las resistencias:
La mitad del camino hacia la transformación vital es la decisión consciente de liberarse de estas resistencias internas. Este acto de elección personal es fundamental para iniciar el cambio positivo.

## Explorando mis resistencias

Para identificar las resistencias internas que podrían estar obstaculizando tu capacidad para cambiar, puedes explorar preguntas reflexivas que te ayuden a examinar tus creencias y pensamientos arraigados.

**Aquí hay algunas preguntas que podrían ser útiles:**

¿Qué me impide hacer cambios positivos en mi vida?

¿Cuáles son mis miedos más profundos relacionados con el cambio?

¿Qué creencias tengo sobre mí mismo/a que podrían estar limitando mi capacidad para cambiar?

¿Qué pensamientos recurrentes o autocríticas tengo cuando considero hacer cambios?

¿En qué situaciones específicas siento resistencia o evito tomar medidas hacia el cambio?

¿Cuáles son las razones que me doy a mí mismo/a para justificar por qué no puedo cambiar?

¿Qué experiencias pasadas me han llevado a desarrollar estas creencias limitantes?

¿Cómo me veo a mí mismo/a en relación con la posibilidad de cambiar? ¿Me percibo como capaz o incapaz?

¿Cuáles son mis preocupaciones sobre lo que podría perder si cambio?

¿Qué beneficios creo que obtengo al mantenerme en mi zona de confort actual?

Estas preguntas te ayudarán a profundizar en tus pensamientos y emociones que podrían estar contribuyendo a la resistencia al cambio.

Es importante ser honesto/a contigo mismo/a al responder estas preguntas para poder identificar y abordar las creencias limitantes que podrían estar frenando tu progreso hacia una vida más plena y satisfactoria.

## Explorando el pasado en mis creencias

Para explorar cómo en el pasado has logrado cambiar resistencias internas o creencias limitantes, puedes reflexionar sobre tus experiencias pasadas y hacer preguntas específicas que te ayuden a identificar estrategias efectivas que has utilizado. Aquí tienes algunas preguntas que podrían guiarte en este proceso:

¿Recuerdas alguna vez en la que hayas desafiado con éxito una creencia limitante? ¿Qué pasó exactamente?

¿Qué recursos internos (como la determinación, el apoyo emocional, la información, etc.) te han ayudado en cambios anteriores?

¿Cómo te sentiste antes, durante y después de superar una resistencia pasada?

¿Qué estrategias o enfoques específicos has utilizado con éxito en el pasado para cambiar tus creencias o comportamientos?

¿Hubo alguna persona o influencia externa que te haya apoyado o inspirado durante un cambio significativo?

¿Cómo fue tu proceso de pensamiento y razonamiento cuando decidiste desafiar una creencia limitante?
¿Hubo algún momento clave de insight o revelación que te ayudó a ver las cosas desde una perspectiva diferente?

¿Qué obstáculos enfrentaste durante el proceso de cambio y cómo los superaste?

¿Qué aprendiste de tus experiencias pasadas de cambio que podrías aplicar en el presente?

¿Cómo mantenías tu motivación y compromiso durante el proceso de cambio?

Al responder estas preguntas, estarás identificando patrones y estrategias que te han sido útiles en el pasado para superar resistencias internas. Esto te permitirá aprovechar tus fortalezas y recursos personales para abordar las creencias limitantes actuales y facilitar un proceso de cambio más efectivo y positivo.

# Frases Celebres

*"La mente es su propio lugar y, en sí misma, puede hacer un cielo del infierno, un infierno del cielo."*
- John Milton.

*"Tus creencias te limitan o te liberan. Elige sabiamente."*
- Anónimo.

*"No te resistas al cambio, construye el nuevo."*
- Deepak Chopra.

*"El mayor enemigo del conocimiento no es la ignorancia, sino la ilusión del conocimiento."*
- Stephen Hawking.

*"No puedo cambiar la dirección del viento, pero puedo ajustar mis velas para llegar siempre a mi destino."*
- Jimmy Dean.

## Dinámica de Grupo

Una dinámica de grupo efectiva para tratar el tema de superar resistencias y creencias limitantes es el "Círculo de Creencias".

Esta actividad fomenta la reflexión, el intercambio y la colaboración entre los participantes para explorar y desafiar creencias que puedan estar limitando su desarrollo personal. Aquí te explico cómo llevar a cabo esta dinámica:

## Dinámica: Círculo de Creencias

**Objetivo:**
Identificar y cuestionar creencias limitantes, promoviendo la autoconciencia y el crecimiento personal.

**Materiales necesarios:** Hojas de papel, bolígrafos, espacio para sentarse en círculo.

## Procedimiento:

**1. Formación del Círculo:**
Organiza a los participantes en un círculo para facilitar la interacción y la comunicación abierta.

**2. Introducción:**
Explica el propósito de la actividad: explorar las creencias personales que puedan estar actuando como barreras para el crecimiento y el desarrollo personal.

### 3. Escribir Creencias Limitantes:

Entrega una hoja de papel y un bolígrafo a cada participante. Pídeles que escriban una creencia limitante que sientan que los está frenando en su vida personal o profesional. Por ejemplo: "No soy lo suficientemente bueno/a para tener éxito" o "No merezco ser feliz".

### 4. Compartir en Parejas:

Divide a los participantes en parejas. Cada persona compartirá su creencia limitante con su compañero/a. El compañero/a actuará como oyente comprensivo y alentará a la persona a profundizar en cómo esa creencia afecta su vida.

### 5. Desafiar la Creencia:

Después de escuchar, la pareja ayudará a desafiar la creencia limitante. Pueden hacer preguntas como: "¿Qué evidencia tienes de que esta creencia es cierta o falsa?" o "¿Cómo sería tu vida si no creyeras en esta limitación?".

### 6. Rotación y Nuevas Parejas:

Después de un tiempo designado (por ejemplo, 5-7 minutos), pide a los participantes que roten y encuentren una nueva pareja para repetir el proceso con una nueva creencia limitante.

### 7. Discusión en Grupo:

Una vez que todos los participantes hayan tenido la oportunidad de compartir y desafiar sus creencias limitantes en parejas, reúne al grupo y facilita una discusión general. Anima a los participantes a compartir sus reflexiones y aprendizajes sobre cómo desafiar las creencias limitantes.

**8. Cierre:**
Concluye la actividad destacando la importancia de cuestionar las creencias autolimitantes y fomentar una mentalidad de crecimiento. Anima a los participantes a llevar consigo esta conciencia a sus vidas diarias y a desafiar activamente las creencias que puedan estar limitando su potencial.

Esta dinámica promueve la reflexión personal, la empatía entre los participantes y proporciona herramientas prácticas para desafiar las creencias limitantes. Es una actividad poderosa para fomentar el autoconocimiento y el desarrollo personal en un entorno de grupo seguro y de apoyo.

# Encontrando la flexibilidad.

*"La flexibilidad es la llave
que desbloquea puertas
hacia horizontes inexplorados."*

## Encontrando la flexibilidad.

Elena era una mujer admirable en muchos aspectos. Brillante en su carrera, dedicada a su familia, poseía una ética de trabajo inquebrantable. Sin embargo, esa misma tenacidad se traducía en una rigidez que teñía su vida. Sus opiniones eran inamovibles, su agenda inflexible y su tolerancia a la incertidumbre, nula.

En su interior, Elena se sentía atrapada. La rigidez la protegía del caos, sí, pero también la aislaba de la espontaneidad y la alegría. Era como un árbol rígido, incapaz de doblarse con el viento, condenado a romperse ante la primera tormenta.

Un día, Elena asistió a una conferencia sobre el desarrollo personal. El conferenciante, un hombre de mirada serena y sonrisa cálida, habló sobre la importancia de la flexibilidad. Sus palabras resonaron en el corazón de Elena, despertando en ella una sed de cambio.

Elena decidió buscar la guía del maestro. En sus sesiones, exploraron las raíces de su rigidez. Descubrió que su necesidad de control nacía del miedo a lo desconocido, a la pérdida de seguridad. El maestro le enseñó que la flexibilidad no implicaba renunciar a sus valores, sino adaptarse a las circunstancias sin perder su esencia.

Comenzó un proceso gradual de transformación. Elena aprendió a escuchar con atención diferentes perspectivas, a aceptar la incertidumbre como parte de la vida y a disfrutar de la belleza de lo inesperado. Como un árbol que aprende a doblarse con el viento, Elena se volvió más fuerte y resiliente.

Su vida se llenó de nuevos colores. Se permitió probar nuevos hobbies, conocer gente diversa y disfrutar de experiencias que antes le hubieran parecido aterradoras. La rigidez se transformó en fluidez, el miedo en confianza, la rigidez en libertad.

Elena comprendió que la flexibilidad no era una debilidad, sino una fortaleza. Encontró el equilibrio entre sus valores y la apertura al cambio, permitiéndole vivir una vida más plena y auténtica.

## El proceso de cambio de Elena:

### Reconocimiento:
Elena reconoció que su rigidez la estaba limitando.

### Comprensión:
Exploró las causas de su rigidez y comprendió que provenían del miedo.

### Aprendizaje:
Aprendió técnicas para desarrollar la flexibilidad y la apertura al cambio.

### Práctica:
Implementó gradualmente los nuevos hábitos en su vida.

**Transformación:**
Se convirtió en una persona más flexible, resiliente y feliz.

**Moraleja:**
La rigidez puede ser una armadura que nos protege del dolor, pero también una jaula que nos priva de la libertad. La verdadera fuerza reside en la flexibilidad, en la capacidad de adaptarnos sin perder nuestra esencia.

## Recuerda:

Las creencias son flexibles y evolucionan con el tiempo. La flexibilidad mental permite adaptar creencias a medida que crecemos.

## Pros de ser flexible con las creencias:

Permite una mente abierta y adaptable.

Expande la comprensión del mundo y de uno mismo.

Facilita la exploración de nuevas perspectivas.

Ayuda a desafiar suposiciones y aprender continuamente.

Permite ajustar creencias de acuerdo con nuevas experiencias y conocimientos.

## Contras de no ser flexible con las creencias:

Puede limitar el crecimiento personal.

Dificulta la adaptación a cambios y nuevas ideas.

Puede llevar al estancamiento intelectual.

Aumenta la resistencia a considerar diferentes puntos de vista.

Puede generar conflictos y falta de empatía hacia otras personas y culturas.

## Explorando mi flexibilidad

1. ¿Estoy dispuesto/a a cuestionar mis propias creencias cuando me enfrento a nuevas ideas o información?

2. ¿Suelo escuchar y considerar diferentes puntos de vista antes de llegar a una conclusión?

3. ¿Puedo adaptar mis opiniones según aprendo nuevas cosas o tengo nuevas experiencias?

4. ¿Me siento cómodo/a aceptando que mis creencias pueden cambiar con el tiempo?

5. ¿Cómo reacciono cuando alguien desafía mis opiniones o creencias establecidas?

6. ¿Busco activamente información que pueda contradecir mis creencias actuales para obtener una visión más completa?

7. ¿Soy capaz de separar mis emociones personales de mis creencias al evaluar nuevas ideas?

## Explorando mi historia flexible

1. ¿Recuerdas alguna vez en la que hayas cambiado de opinión sobre un tema importante después de escuchar diferentes perspectivas?

2. ¿Puedes pensar en una situación en la que te enfrentaste a información nueva que desafiaba una creencia arraigada? ¿Cómo reaccionaste?

3. ¿Has tenido experiencias en las que te hayas adaptado a nuevas circunstancias o hayas cambiado tus opiniones a lo largo del tiempo?

4. ¿Alguna vez has estado dispuesto/a a explorar una idea o concepto que inicialmente te resultaba incómodo o desafiante?

5. ¿Recuerdas alguna ocasión en la que tuviste que dejar de lado una creencia previa debido a evidencia o experiencias que la contradecían?

6. ¿Has trabajado alguna vez en equipo con personas que tenían opiniones diferentes a las tuyas? ¿Cómo manejaste esas diferencias?

7. ¿Puedes pensar en una situación en la que hayas sido capaz de admitir un error o cambiar de opinión públicamente?

## Frases celebres

*"La flexibilidad es la clave de la supervivencia."*
Amit Ray.

*"No es la especie más fuerte la que sobrevive, ni la más inteligente, sino la que responde mejor al cambio."*
Charles Darwin.

*"La rigidez es el enemigo de la humanidad; la flexibilidad es su esperanza."*
Pema Chödrön.

*"La verdadera medida de la inteligencia no es el conocimiento sino la imaginación."*
Albert Einstein.

*"Adaptarse no significa cambiar quién eres, significa ajustar tu máscara al mundo real."*
Paulo Coelho.

*"La única constante en el universo es el cambio."*
Heráclito.

*"La flexibilidad es una virtud; la rigidez, un defecto."*
Donald A. Laird.

*"El que se adapta mejor al cambio sobrevive."*
Charles Darwin.

## Dinámica de grupo
## "El Desafío de la Torre de Papel"

**Objetivo:**
Demostrar la importancia de la flexibilidad y adaptabilidad en situaciones cambiantes.

**Materiales Necesarios:**
Hojas de papel
Cinta adhesiva
Cronómetro o reloj

## Instrucciones:

**1. Preparación:**
Divide a los participantes en equipos pequeños de 4 a 6 personas.

Proporciona a cada equipo varias hojas de papel y cinta adhesiva.

Explica que cada equipo tiene el desafío de construir la torre más alta y estable utilizando solo las hojas de papel y la cinta adhesiva.

**2. Reglas del Desafío:**
Los equipos tienen un tiempo limitado (por ejemplo, 15-20 minutos) para planificar y construir su torre.

La torre debe poder mantenerse por sí sola sin apoyo externo.

No se permite usar otros materiales aparte del papel y la cinta adhesiva.

## 3. Inicio del Desafío:

Da comienzo al cronómetro y permite que los equipos comiencen a planificar y construir.

Observa cómo interactúan los equipos y cómo enfrentan los desafíos durante la construcción de la torre.

## 4. Momento de Reflexión:

Una vez que termine el tiempo, invita a todos los equipos a detenerse y observar las torres construidas. Facilita una discusión reflexiva:

¿Qué estrategias utilizaron los equipos para construir sus torres?

¿Cómo manejaron los obstáculos y cambios inesperados durante la actividad?

¿Qué papel tuvo la flexibilidad y la adaptabilidad en el éxito o fracaso de las torres?

¿Qué aprendizajes pueden aplicar de esta experiencia en situaciones cotidianas donde la flexibilidad es clave?

## 5. Conclusión:

Cierra la dinámica resaltando la importancia de la flexibilidad en la resolución de problemas y la colaboración en equipo.

Anima a los participantes a llevar consigo las lecciones aprendidas sobre adaptabilidad hacia sus vidas personales y profesionales.

Esta dinámica no solo promueve la flexibilidad, sino que también fomenta el trabajo en equipo, la creatividad y la capacidad de respuesta ante cambios inesperados.

# Elena y Su Mente Selectiva.

*"Vemos lo que queremos ver y oímos lo que queremos oír. Nuestra percepción se moldea por nuestras creencias."*

## Elena y Su Mente Selectiva.

Elena a una mujer con una brújula interior que siempre apuntaba en la misma dirección: la de su verdad absoluta. Cualquier información que no coincidiera con su visión del mundo era automáticamente descartada como falsa o irrelevante. Esta rigidez mental la había convertido en una persona amargada y frustrada, incapaz de encontrar la paz interior.

Un día, Elena decidió buscar ayuda en un viejo maestro conocido por su sabiduría. El maestro, con una mirada serena y compasiva, la invitó a sentarse frente a él y le preguntó:

Elena, dime, ¿te consideras una persona abierta a diferentes perspectivas?

Por supuesto que sí. Siempre estoy dispuesta a escuchar nuevas ideas.

¿Y qué haces cuando esas ideas contradicen tus creencias más profundas?

Las analizo con cuidado y, si encuentro que son válidas, las incorporo a mi forma de pensar, respondió rápidamente Elena

¿Y si no las encuentras válidas?

Entonces simplemente las descarto. No tengo tiempo que perder con ideas que no me aportan nada.

El maestro sonrió y le dijo:

Elena, la verdad no es una posesión que se pueda tener o no tener. La verdad es un camino que se recorre con el corazón abierto y la mente dispuesta a aprender. Cuando te aferras a tus creencias con tanta rigidez, cierras las puertas a la posibilidad de descubrir nuevas perspectivas y comprender la complejidad del mundo.

Elena se quedó en silencio, reflexionando sobre las palabras del maestro. Por primera vez en mucho tiempo, comenzó a sentir una pequeña fisura en la armadura de su certeza absoluta.

Elena, dime, ¿qué te hace sentir más segura: tener la razón o ser feliz?

Tener la razón, por supuesto, respondió Elena.

¿Y si te dijera que la felicidad no se encuentra en la razón, sino en la comprensión?

No lo entiendo, dijo Elena

La felicidad no se trata de tener todas las respuestas, sino de estar abierta a las preguntas. Se trata de aceptar la incertidumbre y la duda como parte natural del camino. Cuando aprendes a navegar por la vida con una brújula interna flexible, en lugar de una rígida, descubrirás un mundo lleno de posibilidades y belleza.

Las palabras del maestro resonaron profundamente en el corazón de Elena. En ese momento, comprendió que su rigidez mental la había privado de la verdadera felicidad.

A partir de ese día, Elena comenzó un viaje de transformación personal, aprendiendo a abrir su mente y su corazón a nuevas ideas y perspectivas. A medida que se abría a la posibilidad de cambio, su brújula interior comenzó a girar, guiándola hacia un horizonte más amplio y luminoso.

Recuerda Elena que para salir de una mente rígida a otra más flexible y abierta tienes que:

## 1. Tomar consciencia de tu rigidez:

Presta atención a cómo reaccionas ante ideas diferentes a las tuyas.

Observa si te frustras o te enojas cuando alguien no está de acuerdo contigo.

Reflexiona sobre tu necesidad de tener siempre la razón.

## 2. Salir de tu zona de confort:

Busca información que contradiga tus creencias.

Rodéate de personas con diferentes puntos de vista.

Explora nuevas ideas y perspectivas.

## 3. Desarrollar el pensamiento crítico:

Cuestiona todo lo que lees, escuchas y dices.

Busca evidencia que apoye las ideas que te presentan.

Analiza diferentes perspectivas antes de tomar una posición.

## 4. Aprender a ser flexible:

Acepta que no siempre tienes la razón.

Reconoce que el mundo es complejo y lleno de matices.

Estate dispuesto a cambiar de opinión cuando se te presente nueva información.

## 5. Practicar la empatía:

Ponte en el lugar de los demás.

Intenta comprender sus puntos de vista, aunque no estés de acuerdo.

Reconoce que las personas tienen diferentes experiencias y valores que influyen en sus creencias.

## 6. Ser paciente contigo mismo:

Cambiar tu forma de pensar lleva tiempo y esfuerzo.

No te desanimes si recaes en viejos hábitos.

Celebra cada pequeño paso que avances hacia una mente más abierta.

## Recuerda:

La mente selectiva describe cómo nuestra mente busca y selecciona información que respalda nuestras creencias, mientras ignora lo que las contradice.

Esto puede llevar a sesgos de confirmación, donde buscamos activamente confirmación para nuestras creencias arraigadas, pero descartamos evidencia contraria.

## Pros:

Nos ayuda a reforzar nuestras creencias y mantener una sensación de coherencia mental.

Puede simplificar la toma de decisiones al reducir la cantidad de información que procesamos.

## Contras:

Limita nuestra capacidad de ver la realidad objetivamente.

Puede llevar a prejuicios y estereotipos al enfocarnos solo en evidencia selectiva.

## Explorando mi mente selectiva

1. ¿Suelo buscar información que respalde mis creencias actuales?

2. ¿Descarto o ignoro activamente evidencia que contradiga mis puntos de vista?

3. ¿Me resulta difícil considerar opiniones o perspectivas diferentes a las mías?

4. ¿Tiendo a rodearme de personas que piensan de manera similar a mí?

5. ¿Cómo reacciono cuando me encuentro con información que desafía mis creencias?

6. ¿Estoy abierto/a a cambiar de opinión basado en nueva evidencia o información?

7. ¿Suelo juzgar rápidamente a personas o ideas que no concuerdan con lo que creo?

## Explorando mi historia selectiva

1. ¿Recuerdas algún momento temprano en tu vida cuando comenzaste a adoptar ciertas creencias o ideas?

2. ¿Qué influencias externas (como familia, amigos, educación, medios de comunicación) podrían haber contribuido a estas creencias?

3. ¿Cómo reaccionabas ante ideas u opiniones diferentes cuando eras más joven? ¿Tenías curiosidad por explorar diferentes puntos de vista o preferías mantener tus propias ideas?

4. ¿Has experimentado alguna situación significativa donde tus creencias fueron desafiadas o cambiaron radicalmente? ¿Cómo te sentiste durante ese proceso de cambio?

5. ¿Qué tipo de información solías consumir (libros, programas de televisión, internet) y cómo crees que eso influyó en tus creencias? ¿Buscabas activamente información que respaldara lo que ya creías?

6. ¿Has notado patrones en tus relaciones interpersonales relacionados con tus creencias? ¿Prefieres relacionarte con personas que piensan de manera similar o te sientes cómodo/a interactuando con aquellos que tienen opiniones diferentes?

7. ¿Cómo lidias con el conflicto cognitivo o emocional cuando te encuentras con información que contradice lo que crees? ¿Tiendes a descartarla o investigar más a fondo?

8. ¿Qué papel ha jugado la autocrítica y la reflexión en tu desarrollo mental a lo largo de los años? ¿Te has cuestionado activamente tus propias creencias y prejuicios?

## Frases celebres

*"No podemos solucionar problemas usando el mismo tipo de pensamiento que usamos cuando los creamos."*
Albert Einstein.

*"La verdad siempre se halla en la simplicidad, y no en la multiplicidad y confusión de las cosas."*
Isaac Newton.

*"No veas el mundo como es, míralo como podrías ser."*
Oprah Winfrey.

*"La ignorancia afirma o niega rotundamente; la ciencia duda."*
Voltaire.

*"A veces la verdad duele. Pero es mejor enfrentarla que vivir en una mentira."*
Anónimo.

*"Mantén la mente abierta, pero no tan abierta que se te caiga el cerebro."*
Richard Dawkins.

## Dinámica de grupo
## "Explorando Diferentes Perspectivas"

### Objetivo:
Promover la reflexión sobre cómo la evidencia selectiva afecta nuestras percepciones y fomentar la apertura a considerar múltiples puntos de vista.

Materiales necesarios: Papel, marcadores, lista de preguntas.

### Pasos:

**1. Introducción (10 minutos):**
Comienza explicando el concepto de evidencia selectiva o sesgo de confirmación utilizando ejemplos simples y cotidianos.

Destaca la importancia de ser conscientes de este sesgo para tomar decisiones más informadas y evitar prejuicios.

**2. Actividad de Reflexión (15 minutos):**
Pide a los participantes que se dividan en grupos pequeños (3-5 personas por grupo).

Entrega a cada grupo una lista de preguntas que aborden temas controvertidos o con diferentes perspectivas (por ejemplo, política, ética, medio ambiente).

Cada grupo debe discutir las preguntas y llegar a conclusiones basadas en sus propias opiniones. Anima a los participantes a identificar cómo la evidencia selectiva podría influir en sus respuestas.

**3. Presentación de Perspectivas (20 minutos):**
Después de la discusión en grupo, invita a cada equipo a presentar sus conclusiones ante todos los participantes.

Durante las presentaciones, fomenta el debate saludable y las preguntas para explorar diferentes puntos de vista y evidencias.

**4. Ejercicio de Autoevaluación (10 minutos):**
Pide a cada participante que reflexione de manera individual sobre una experiencia personal donde hayan experimentado evidencia selectiva en acción.

Anímalos a escribir brevemente sobre cómo podrían haber abordado la situación de manera diferente si hubieran sido más conscientes del sesgo de confirmación.

**5. Debate y Conclusiones (15 minutos):**
Abre un espacio para discutir las experiencias personales y las lecciones aprendidas.

Concluye destacando la importancia de mantener una mente abierta, buscar activamente diferentes perspectivas y cuestionar nuestras propias creencias para evitar la influencia de la evidencia selectiva.

# Conclusión:

Esta dinámica de grupo no solo permite a los participantes explorar el concepto de evidencia selectiva de manera práctica, sino que también fomenta un ambiente de aprendizaje colaborativo y reflexivo. Al finalizar, los participantes deberían tener una mayor conciencia sobre cómo funciona este sesgo cognitivo y cómo pueden aplicar estrategias para mitigar su impacto en sus decisiones y percepciones.

# La lucha de Elena por la autorrealización.

*"La autorrealización es el viaje de descubrir quién eres realmente, más allá de las expectativas externas y las limitaciones autoimpuestas."*

## La lucha de Elena por la autorrealización.

El viento frío azotaba el rostro de Elena mientras caminaba por la playa, con la mirada perdida en el horizonte. La frustración la carcomía por dentro. Años de esfuerzo y sacrificio parecían no haberla llevado a ninguna parte. Su sueño de convertirse en una artista reconocida se esfumaba entre olas y gaviotas.

De pronto, una figura robusta y serena se materializó a su lado. Era un anciano de mirada profunda y sonrisa benevolente. Se presentó como Miguel y, sin más preámbulos, le preguntó:

Elena, ¿por qué la tristeza en tus ojos?

He luchado tanto por mi sueño, pero parece que no avanzo. Estoy a punto de rendirme.

¿Y qué te dice tu corazón?

Que siga luchando, pero la duda me consume. ¿Y si no estoy destinada a ser artista?

¿Quién te dijo que el destino está escrito en piedra? El destino, Elena, es un lienzo en blanco que tú misma puedes pintar.

¿Cómo puedo hacerlo si siento que no tengo talento?

El talento es solo una chispa. La llama que convierte esa chispa en incendio eres tú.

¿Amas lo que haces?

Sí, con todo mi ser.

Entonces, ¿por qué dejar que el miedo dicte tu camino? El miedo es solo un fantasma, una ilusión que se desvanece ante la luz de la pasión.

Pero, ¿y si fracaso?

El fracaso no es lo contrario del éxito, es parte de él. Cada tropiezo te acerca a la cima.

¿Cuántas veces ha caído un niño antes de aprender a caminar?

Tienes razón. Debo seguir intentándolo.

No solo intentarlo, Elena. Debes vivir tu sueño con intensidad, con entrega total. Deja que tu pasión guíe cada paso, cada pincelada. Viviendo el sueño con intensidad y pasión:

**NO SOLO INTENTARLO, VIVIRLO:**

• Compromiso total:
No se trata de dedicar tiempo libre, sino de convertir tu sueño en el centro de tu vida.

• Sacrificio consciente: Renunciar a ciertas cosas para dedicarte de lleno a tu pasión.

## DISCIPLINA FÉRREA:

Crear una rutina que te impulse hacia tu meta, incluso cuando la motivación flaquee.

## ENTREGA TOTAL:

**Inmersión profunda:** Absorber todo lo relacionado con tu sueño, estudiando, practicando y rodeándote de personas que lo compartan.

**Obsesión sana:** Perseguir tu objetivo con tenacidad y entusiasmo contagioso.

**Confianza inquebrantable:** Creer en tu capacidad para alcanzar el éxito, sin importar los obstáculos.

## LA PASIÓN COMO GUÍA:

**Escucha tu corazón:** Deja que tu pasión te motive e inspire en cada decisión que tomes.

**Fluir creativo:** Sigue el ritmo de tu pasión, permitiendo que la intuición te guíe en tu proceso creativo.

**Disfruta del camino:** Encuentra alegría en cada paso del viaje, sin importar el destino final.

**Pintando con el alma:** Cada pincelada cargada de emoción, transmitiendo su pasión en cada obra.

**Experimentando sin límites:** Probando nuevas técnicas, estilos y formas de expresión artística.

**Compartiendo tu pasión:** Conectando con otros artistas y público, contagiando tu entusiasmo por el arte.

Elena con sus ojos iluminados y una gran sonrisa dijo con determinación: Lo haré.

Gracias, Miguel. Me has dado la fuerza que necesitaba.

Elena se despidió del anciano con un renovado sentido de propósito. El viento ahora acariciaba su rostro con una brisa fresca de esperanza. Emprendió el camino de regreso con la firme convicción de que la autorrealización no era un destino, sino un viaje que ella misma debía construir.

## Recuerda:

Lo que creemos se convierte en realidad.

Trabajar en uno mismo: formación, aprendizaje, autocuestionamiento, ayuda a autorrealizarse.

Creer en la propia capacidad de transformación y manifestación del potencial es esencial.

Evitar creencias limitantes y destructivas nos ayuda

Creer en uno mismo aumenta la confianza, perseverancia y determinación

Cultivar creencias empoderadoras facilita la autorrealización

## Explorando mi autorrealización

1. ¿Siento que estoy viviendo una vida alineada con mis valores más profundos y auténticos?

2. ¿Estoy satisfecho con mis logros y contribuciones hasta ahora en diferentes áreas de mi vida (personal, profesional, relaciones)?

3. ¿Experimento un sentido de propósito y significado en lo que hago diariamente?

4. ¿Estoy en paz conmigo mismo y con quienes soy en este momento?

5. ¿Me siento libre para expresar quién soy realmente en todas las áreas de mi vida?

6. ¿Estoy comprometido con un crecimiento personal continuo y aprendizaje constante?

7. ¿Cómo es mi relación con los demás? ¿Siento conexiones significativas y auténticas?

8. ¿Tengo metas y sueños que me inspiran y me motivan a seguir creciendo?

9. ¿Cómo manejo los desafíos y obstáculos en mi vida? ¿Siento que tengo las herramientas y la resiliencia necesaria para superarlos?

10. ¿Qué me impide sentirme completamente satisfecho y realizado en este momento?

## Explorando mi historia de autorrealización

1. ¿Recuerdas alguna vez en tu vida en la que lograste superar un desafío importante y te sentiste más fuerte y capacitado como resultado?

2. ¿Hay algún logro significativo en tu educación o carrera profesional que te hizo sentir orgulloso de tus habilidades y esfuerzos?

3. ¿Has experimentado momentos en tus relaciones personales en los que te sentiste verdaderamente comprendido, apreciado y conectado con los demás?

4. ¿Recuerdas alguna vez en la que tomaste una decisión importante que reflejaba tus valores más profundos y te trajo una sensación de integridad y autenticidad?

5. ¿Has participado en actividades o proyectos que te han permitido expresar tu creatividad y talentos de manera satisfactoria?

6. ¿Recuerdas alguna ocasión en la que hayas ayudado a otros de una manera significativa y te haya dado una sensación de propósito y significado?

7. ¿Alguna vez has tenido una experiencia transformadora, como viajar, aprender algo nuevo o enfrentar una nueva situación, que haya ampliado tu perspectiva y te haya ayudado a crecer como persona?

8. ¿Has recibido algún reconocimiento o elogio que te haya hecho sentir validado y valorado en tus habilidades y contribuciones?

9. ¿Recuerdas momentos de profunda felicidad y realización en los que te sentiste en armonía con tu entorno y contigo mismo?

10. ¿Hay alguna lección o experiencia difícil en tu pasado que te haya llevado a un mayor autoconocimiento y te haya ayudado a redefinir tus metas y valores personales?

## Frases celebres

*"El propósito de nuestra vida es descubrir nuestro don. El significado de la vida es darle un propósito."*
Pablo Picasso.

*"El éxito es la realización progresiva de un ideal que vale la pena."*
Earl Nightingale.

*"La verdadera felicidad viene del esfuerzo extendido hacia una meta que vale la pena."*
Albert Einstein.

*"No hay satisfacción más grande que la que viene de lograr algo por ti mismo."*
Barbara Corcoran.

*"La autorrealización es el resultado directo de trabajar por las metas personales más importantes."*
Patricia Neal.

*"El verdadero éxito, la verdadera autorrealización viene del cumplimiento del alma y la autenticidad en la vida."*
Oprah Winfrey.

*"La autorrealización es el proceso de descubrir lo que realmente quieres hacer en la vida y luego encontrar una manera de hacerlo."*
John Maxwell.

*"La autorrealización es cuando nos volvemos más y más lo que estamos destinados a ser, ser más y más lo que podemos llegar a ser."*
Brian Tracy.

*"La clave de la felicidad y la autorrealización es hacer lo que amas en el contexto de cómo eliges vivir."*
Wayne Dyer.

*"El único límite para tu realización del mañana será tus dudas de hoy."*
Franklin D. Roosevelt.

## Dinámica de grupos

Aquí te propongo una dinámica de grupo centrada en la autorrealización que puede ayudar a los participantes a reflexionar sobre sus metas personales, valores y el camino hacia el autodescubrimiento y el cumplimiento personal. Esta dinámica fomenta la interacción entre los participantes y promueve la autoconciencia.

## "Mapa hacia mi Autorrealización"

### Objetivo:
Facilitar la reflexión sobre la autorrealización personal y ayudar a los participantes a identificar metas y pasos concretos para alcanzar un mayor sentido de realización en la vida.

### Materiales Necesarios:
- Hojas de papel
- Lápices, bolígrafos, marcadores
- Cartulinas o pizarras

## Instrucciones:

### 1. Introducción (15 minutos):
Comienza la sesión explicando brevemente el concepto de autorrealización y su importancia en el desarrollo personal.

Discute ejemplos de personas famosas o históricas que se consideren autorrealizadas y explora qué características o logros las definen.

## 2. Actividad Individual (20 minutos):

Entrega a cada participante una hoja de papel y pídeles que escriban su nombre en la parte superior.

Luego, pídeles que reflexionen y escriban en la hoja:
- Sus valores personales más importantes.
- Metas o sueños que desean lograr en diferentes áreas de la vida (personal, profesional, relaciones, etc.).
- Fortalezas y habilidades que desean desarrollar o potenciar.
- Pasos concretos que podrían tomar para avanzar hacia su autorrealización.

## 3. Compartir en Parejas (15 minutos):

Formar parejas entre los participantes y pídeles que compartan sus reflexiones.

Cada pareja debe discutir lo que escribieron y proporcionarse retroalimentación constructiva sobre sus metas y pasos sugeridos.

## 4. Creación del "Mapa hacia la Autorrealización" (30 minutos):

Proporciona cartulinas o pizarras grandes y materiales de dibujo.

Pide a los participantes que utilicen sus reflexiones individuales para crear un mapa visual de su camino hacia la autorrealización.

Anímalos a incluir símbolos, colores y palabras clave que representen sus valores, metas y pasos hacia la autorrealización.

**5. Presentación y Discusión en Grupo (20 minutos):**
Invita a cada participante o pareja a compartir su "Mapa hacia la Autorrealización" con el grupo.

Después de cada presentación, fomenta la discusión y el intercambio de ideas sobre los desafíos y oportunidades que enfrentan los participantes en su camino hacia la autorrealización.

**6. Reflexión y Cierre (10 minutos):**
Concluye la dinámica animando a los participantes a reflexionar sobre lo aprendido.

Pregunta cómo planean aplicar lo descubierto en su vida diaria para avanzar hacia sus metas de autorrealización.

Ofrece palabras de aliento y motivación para continuar en el camino hacia la realización personal.

Esta dinámica de grupo sobre la autorrealización proporciona un espacio seguro y colaborativo para que los participantes exploren sus aspiraciones personales y se comprometan activamente en su propio desarrollo. Ayuda a promover la autoconciencia, la claridad de metas y la inspiración mutua dentro del grupo.

**LA JAULA DE LA MENTE** / FERNANDO DE CABO LANDIN

# De la Incongruencia a la Integridad.

*"La coherencia
es el hilo invisible
que une nuestras convicciones
con nuestras acciones,
tejiendo el tapiz
de nuestra autenticidad."*

## De la Incongruencia a la Integridad.

El viento frío azotaba el rostro de Daniel mientras caminaba por la playa, con la mirada perdida en el horizonte. Una profunda tristeza lo inundaba, una sensación de vacío que ninguna ola podía borrar. En su interior, una sombra persistente lo perseguía: la sombra de la falta de integridad.

Daniel sabía que no era congruente. Sus acciones no siempre reflejaban sus valores, y esa dicotomía lo atormentaba. Sentía que no podía ser él mismo, que tenía que aparentar ser alguien que no era para ser aceptado por los demás.

Esa falta de autenticidad le había pasado factura. No solo se sentía mal consigo mismo, insatisfecho y vacío, sino que también notaba la falta de confianza y credibilidad por parte de los demás. Su influencia se había visto mermada, y su voz ya no resonaba con la misma fuerza.

Un día, mientras paseaba por la playa, se encontró con un anciano de mirada serena y profunda. El anciano, que parecía conocer los secretos del alma humana, le dirigió algunas preguntas que resonaron con fuerza en el interior de Daniel:

- ¿Por qué huyes de ti mismo?
- ¿Qué te hace sentir que no eres suficiente?
- ¿Por qué buscas la aprobación de los demás en lugar de tu propia verdad?

- ¿Qué valores realmente te importan?
- ¿Qué puedo hacer para vivir con más integridad?

Las preguntas del anciano golpearon con fuerza la coraza que Daniel había construido a su alrededor. Por primera vez, se vio obligado a confrontar sus miedos y sus inseguridades. Se dio cuenta de que, en efecto, estaba huyendo de sí mismo, de su esencia más profunda.

En ese momento, Daniel comprendió que la única forma de encontrar la paz interior era ser honesto consigo mismo y vivir con integridad. Decidió dejar de aparentar y empezar a ser auténtico.

El camino no fue fácil. Dio tres pasos importantes: Reconocimiento de su realidad, ser capaz de verse por dentro y aceptarse tal cual se veía, sin juzgarse ni castigarse. Daniel tuvo que enfrentar sus propios demonios y superar sus miedos. Pero poco a poco, fue redescubriendo su valor y su potencial. Empezó a vivir de acuerdo a sus valores, sin importar lo que pensaran los demás. Para ello incorporó a su vida nuevos hábitos, que fueran en consonancia con sus valores, la perseverancia y un aprendizaje continuo incrementando una buena dosis de altruismo en su vida.

A medida que Daniel se transformaba en una persona más íntegra, también su relación con el mundo cambió. La gente comenzó a confiar en él y a respetar su opinión. Su influencia creció de forma natural, porque ahora sus palabras emanaban de la verdad y la autenticidad.

Daniel finalmente había encontrado la paz interior que tanto anhelaba. Ya no era un hombre perseguido por la sombra de la falta de integridad, sino un ser humano íntegro y auténtico que brillaba con luz propia.

## Recuerda:

La coherencia destaca la importancia de alinear tus creencias con tus acciones.

La coherencia entre lo que crees y cómo te comportas aumenta tu autenticidad y poder de influencia.

Vivir en coherencia te brinda paz interior y una sensación de integridad.

Los demás te perciben como más auténtico y creíble cuando tus acciones reflejan tus valores.

## Explorando mi Congruencia

1. ¿Qué valores considero más importantes en mi vida? Reflexiona sobre cuáles son tus valores fundamentales y cómo los aplicas en tu día a día.

2. ¿Mis acciones reflejan mis valores y creencias? Observa si tus comportamientos están alineados con lo que realmente consideras importante.

3. ¿Me siento auténtico/a y en paz conmigo mismo/a? Evalúa si tu manera de ser y actuar te genera coherencia interna y tranquilidad.

4. ¿Cómo reacciono en situaciones desafiantes o conflictivas? Analiza si mantienes tus principios y valores incluso bajo presión o en circunstancias difíciles.

5. ¿Recibo feedback consistente de otras personas sobre mi manera de ser? Pregunta a personas cercanas si perciben congruencia entre tus palabras y acciones.

6. ¿Qué tan coherente soy en distintos aspectos de mi vida (personal, profesional, social)? Examina si tu comportamiento es consistente en diferentes áreas de tu vida.

7. ¿Estoy dispuesto/a a admitir cuando me equivoco o cuando mis acciones no reflejan mis valores? Considera si eres honesto/a contigo mismo/a cuando identificas discrepancias entre tus creencias y acciones.

## Explorando la Congruencia de mi Historia

1. ¿Recuerdas alguna situación en la que actuaste de acuerdo con tus valores más profundos? Describe esa situación y cómo te sentiste al actuar de manera congruente.

2. ¿Qué valores o principios personales guiaron tu comportamiento en ese momento? Identifica los valores específicos que influyeron en tu acción congruente.

3. ¿Cómo impactó tu congruencia en esa situación en tus relaciones o en tu entorno? Reflexiona sobre cómo tu coherencia pudo haber afectado positivamente a otros o al contexto en el que te encontrabas.

4. ¿Qué aprendiste sobre ti mismo/a al actuar de manera congruente en esa situación? Analiza cómo esa experiencia te ayudó a conocerte mejor y a fortalecer tu sentido de identidad.

5. ¿Cómo puedes aplicar esa lección de congruencia en otras áreas de tu vida? Piensa en cómo puedes transferir ese aprendizaje a diferentes situaciones para seguir actuando de manera coherente.

6. ¿Hay algún momento reciente en el que te hayas sentido completamente auténtico/a y en paz contigo mismo/a? Explora experiencias recientes donde hayas experimentado congruencia y analiza qué elementos contribuyeron a esa sensación.

7. ¿Qué obstáculos o desafíos has enfrentado al tratar de mantener la congruencia entre tus valores y acciones? Reconoce las dificultades que has encontrado y reflexiona sobre cómo puedes superarlas en el futuro.

# Frases celebres

"La coherencia es la virtud por la cual todas nuestras acciones y pensamientos tienen un mismo sentido."
Séneca.

"La congruencia en el carácter es la base de la moralidad."
Mahatma Gandhi.

"Vive de acuerdo a tus convicciones incluso si eres una minoría de uno."
Thomas Jefferson.

"La coherencia es la piedra angular de la credibilidad. Si dices que vas a hacer algo, hazlo. Si dices que vas a estar allí, estás allí. Si dices que vas a hacerlo, hazlo."
Tony Robbins.

"El hombre con principios no está atado a las circunstancias. Sus principios son sus circunstancias."
Ralph Waldo Emerson.

"La coherencia es la clave para convertir los sueños en realidad. Hay una magia en la coherencia."
Denis Waitley.

"Sé lo que eres. Di lo que sientes. Haz lo que dices."
John C. Maxwell.

## Dinámica de Grupo
## "El Triángulo de la Coherencia"

**Objetivo:**
Promover la reflexión y el compromiso con la coherencia entre las creencias personales, las palabras y las acciones.

**Materiales:**
Hojas de papel y bolígrafos para todos los participantes.

Un espacio adecuado para la actividad de grupo.

## Instrucciones:

**1. Introducción (10 minutos):**

Explica el concepto de coherencia y su importancia en la vida personal y profesional.

Discute cómo la coherencia entre las creencias, palabras y acciones impacta en la autenticidad y credibilidad de una persona.

**2. Creación del Triángulo de la Coherencia (15 minutos):**

Invita a cada participante a dibujar un triángulo grande en una hoja de papel.

Pide a los participantes que dividan el triángulo en tres secciones iguales y escriban lo siguiente en cada sección:

**Creencias:**
En esta sección, cada participante deberá escribir sus valores y principios fundamentales.

**Palabras:**
Aquí, cada participante debe anotar las palabras y promesas que suelen expresar o compromisos que hacen.

**Acciones:**
En esta sección, cada participante debe listar las acciones que toma regularmente en concordancia con sus creencias y palabras.

### 3. Reflexión Individual (10 minutos):

Cada participante debe revisar su Triángulo de la Coherencia y reflexionar sobre si hay coherencia entre las tres secciones.

Deben identificar áreas donde podrían mejorar la congruencia entre sus creencias, palabras y acciones.

### 4. Compartir en Grupo (20 minutos):

Forma grupos pequeños y pide a los participantes que compartan sus reflexiones y descubrimientos con los demás.

Anima a los participantes a brindarse retroalimentación constructiva y a compartir ideas sobre cómo mejorar la coherencia en sus vidas.

## 5. Compromisos de Acción (15 minutos):

Solicita a cada participante que elija al menos una acción concreta que puedan tomar para aumentar la coherencia en su vida diaria.

Invita a los participantes a compartir sus compromisos de acción con el grupo para crear un sentido de responsabilidad y apoyo mutuo.

## 6. Cierre (5 minutos):

Concluye la dinámica destacando la importancia de mantener la coherencia entre lo que se cree, se dice y se hace.

Anima a los participantes a llevar consigo su Triángulo de la Coherencia como recordatorio de su compromiso personal con la integridad y la autenticidad.

Esta dinámica permite a los participantes explorar y fortalecer su compromiso con la coherencia, proporcionando un espacio para la reflexión, el intercambio de ideas y el establecimiento de metas concretas para mejorar la congruencia en sus vidas.

# Una historia de reevaluación.

*"En el río de la vida,
reevaluar nuestras creencias
es como navegar con nuevas corrientes
hacia destinos más prometedores."*

## Una historia de reevaluación.

El sol caía a plomo sobre la arena dorada de la playa de Cadaqués. El sonido de las olas rompiendo en la orilla era música para sus oídos.

Marina, una joven artista de 28 años, contemplaba el horizonte infinito, sintiendo una profunda inquietud en su corazón. Un anhelo de cambio, de aventura, de romper con la monotonía de su vida se apoderaba de ella.

Un anhelo de libertad y una necesidad de conectar con ella misma, con su esencia más profunda absorbían su mente y estado de ánimo.

De pronto, una gaviota surcó el cielo con un chillido agudo, como si le hablara directamente a su alma.

Marina la miró fijamente, y en sus ojos se reflejó la imagen de una brújula interna que apuntaba hacia un nuevo destino. En ese instante, supo que era hora de reevaluar su vida.

Marina se embarcó en un viaje introspectivo, un viaje de regreso a sí misma. Se sumergió en la lectura de libros. Meditaba cada mañana frente al mar, buscando respuestas en el silencio.

# Cuatro aspectos fundamentales a tener en cuenta al tomar una decisión importante:

## 1. Autoconocimiento:

Profundizó en sus valores: ¿Qué es lo que realmente me importa en la vida? ¿Cuáles son mis principios? Conocer las necesidades: ¿Qué necesito para sentirme feliz y satisfecha? ¿Cuáles son mis deseos y anhelos? Conocer mis fortalezas y debilidades: ¿En qué soy buena? ¿En qué necesito mejorar?

## 2. Información:

Empezó a reunir toda la información posible: Investigar a fondo las diferentes opciones disponibles. Considerar diferentes perspectivas: Hablar con personas que puedan darte diferentes puntos de vista. Analizar los pros y los contras de cada opción: Hacer una lista de las ventajas y desventajas de cada alternativa.

## 3. Emociones:

Identificar tus emociones: ¿Cómo se sientes con respecto a cada opción? ¿Se siente ansiosa, o confundida? Escuchar la intuición era importante: ¿Qué le decía su instinto? No dejarse llevar por las emociones negativas ni tomar decisiones impulsivas o basadas en el miedo, la ira o la tristeza.

## 4. Consecuencias:

Pensar en el impacto a largo plazo de su decisión: ¿Cómo afectaría esa decisión a su vida en el futuro? Considerar las consecuencias para otras personas: ¿Cómo afectará esa decisión a las personas que le rodean?

Estar preparado para las posibles dificultades: No todas las decisiones son fáciles, era importante estar preparada para afrontar los desafíos que pudieran surgir.

Lo más importante era tomar una decisión con la que se sintiera cómoda y en paz.

Comenzó a cuestionar las creencias que había heredado de su familia y de la sociedad. Se preguntó si el camino que había elegido era realmente el que la llenaba de felicidad.

¿Era realmente lo que quería hacer con su vida?

Cada día que pasaba, Marina se acercaba un poco más a su verdad interior. Deshojando las capas de la cebolla, como ella misma decía, se encontró con una persona que anhelaba vivir con más libertad, creatividad y pasión.

Un día, mientras caminaba por la playa al amanecer, Marina se encontró con un anciano que pintaba el paisaje con acuarelas. Se sentaron a conversar y el anciano le compartió su sabiduría sobre la vida. Le habló de la importancia de seguir la brújula interior, de vivir con autenticidad y de perseguir los sueños.

Las palabras del anciano resonaron profundamente en el corazón de Marina. Se dio cuenta de que había estado viviendo una vida condicionada por las expectativas de los demás, por el miedo al fracaso y por las creencias limitantes.

En ese momento, tomó la decisión de dar un giro radical a su vida. Dejó su trabajo de oficina, vendió sus pertenencias y se embarcó en un viaje por el mundo. Un viaje para descubrir su verdadero potencial, para encontrar su propósito en la vida.

Han pasado cinco años desde que Marina emprendió su viaje de transformación. Ha vivido experiencias increíbles, ha conocido personas inspiradoras y ha aprendido a vivir con más libertad y plenitud.

Ahora, Marina es una artista reconocida por su trabajo, viaja por el mundo impartiendo talleres sobre desarrollo personal y ayuda a otras personas a encontrar su brújula interior.

## Recuerda:

Reevaluar tus creencias te permite ajustarlas para que sigan siendo útiles y beneficiosas.

Reevaluar implica desafiar y descartar aquellas creencias que ya no te sirven, y adoptar nuevas perspectivas que fomenten tu crecimiento y reconstruyan tu vida.

Cambiar tus creencias no solo afecta tu futuro, sino que también redefine tu interpretación del pasado, permitiéndote liberarte del victimismo y transformar tu vida en todos los aspectos.

## Explorando mi capacidad de reevaluación

Para reevaluarte y ajustar tus creencias de manera constructiva, puedes hacer las siguientes preguntas:

1. ¿Esta creencia sigue siendo relevante y beneficiosa para mí en mi vida actual?

2. ¿Cómo me siento cuando sostengo esta creencia? ¿Me aporta paz y bienestar o genera conflicto y malestar?

3. ¿Qué evidencia tengo de que esta creencia es cierta o falsa? ¿Es posible considerar otras perspectivas?

4. ¿Esta creencia me impulsa hacia adelante y me ayuda a crecer, o me limita y me hace sentir estancado?

5. ¿Cómo influye esta creencia en mis relaciones y en mi bienestar emocional?

6. ¿Qué pasaría si dejara de creer en esta idea? ¿Qué nuevas oportunidades se abrirían?

7. ¿Estoy dispuesto a desafiar esta creencia y explorar alternativas más positivas y edificantes?

8. ¿Qué valores fundamentales respalda esta creencia? ¿Estos valores siguen siendo importantes para mí?

9. ¿Qué impacto ha tenido esta creencia en mis decisiones y acciones pasadas? ¿Me gustaría ajustar mi enfoque a partir de ahora?

10. ¿Cómo podría modificar esta creencia para alinearme mejor con mis metas y aspiraciones actuales?

## Explorando mis reevaluaciones del pasado

1. ¿Qué lecciones importantes he aprendido de mis experiencias pasadas?

2. ¿Cuáles fueron mis mayores desafíos y cómo los enfrenté?

3. ¿Qué decisiones tomé en el pasado que me han llevado a donde estoy hoy?

4. ¿Cómo han evolucionado mis valores y creencias a lo largo del tiempo?

5. ¿Qué aspectos de mi pasado me han brindado fortaleza y resiliencia?

6. ¿Hay patrones de comportamiento o pensamiento que necesito cambiar basados en mis experiencias pasadas?

7. ¿Qué momentos o eventos han sido los más significativos en mi vida y por qué?

8. ¿Cómo puedo aplicar las lecciones aprendidas en el pasado para mejorar mi presente y futuro?

9. ¿Hay situaciones pasadas de las que aún no me he recuperado emocionalmente? ¿Qué puedo hacer al respecto?

10. ¿Qué puedo hacer ahora para transformar mis experiencias pasadas en oportunidades de crecimiento y desarrollo personal?

## Frases celebres

*"No puedo cambiar la dirección del viento, pero puedo ajustar mis velas para llegar siempre a mi destino."*
Jimmy Dean.

*"La sabiduría es cambiar las perspectivas."*
Denis Diderot.

*"No puedes cambiar tu destino de la noche a la mañana, pero puedes cambiar tu dirección de la noche a la mañana."*
Jim Rohn

*"Si no te gusta algo, cámbialo. Si no puedes cambiarlo, cambia tu actitud."*
Maya Angelou.

*"La única manera de hacer un buen trabajo es amar lo que haces. Si no has encontrado todavía lo que amas, sigue buscando, no te conformes."*
Steve Jobs.

*"La vida cambia muy rápido. Si no te detienes a mirar a tu alrededor de vez en cuando, podrías perdértela."*
Ferris Bueller.

*"No puedes controlar todas las situaciones, pero puedes controlar tu actitud hacia ellas."*
Jeffrey Gitomer.

*"Si no estás dispuesto a cambiar, nunca podrás transformar tu vida."*
Roy T. Bennett.

*"No podemos resolver problemas pensando de la misma manera que cuando los creamos."*
Albert Einstein.

*"El único límite para tu realización futura será tu duda de ti mismo."*
Franklin D. Roosevelt.

## Dinámica de grupo
## "Reevaluando nuestras creencias"

**Objetivo:**
Promover la reflexión sobre las creencias personales y facilitar el proceso de reevaluación para el crecimiento individual.

**Materiales necesarios:**
Papel y bolígrafos para todos los participantes, y una pizarra o espacio para compartir ideas.

## Pasos:

**1. Introducción:**
Comienza explicando el propósito de la dinámica: explorar nuestras creencias actuales y estar abiertos a reevaluarlas para un crecimiento personal positivo.

**2. Pregunta inicial:**
Haz una pregunta provocativa para iniciar la reflexión, por ejemplo: "¿Cuál es una creencia que solías tener pero que ahora cuestionas o has cambiado?".

**3. Tiempo de reflexión individual:**
Pide a cada participante que tome unos minutos para escribir en silencio una creencia que hayan reevaluado en sus vidas y cómo este cambio ha impactado en su perspectiva o acciones.

**4. Compartir en grupos pequeños:**
Divide a los participantes en grupos de 3 o 4 personas. En estos grupos, invita a cada persona a compartir la

creencia que reevaluaron y discutir cómo llegaron a ese cambio de perspectiva.

## 5. Discusión grupal:
Después de la discusión en grupos pequeños, reúne a todos y permite que cada grupo comparta brevemente sus conclusiones más importantes.

## 6. Identificar aprendizajes:
Anima a los participantes a identificar qué aprendizajes obtuvieron al reevaluar sus creencias. ¿Cómo les ha beneficiado este proceso de cambio?

## 7. Explorar nuevas perspectivas:
Plantea una serie de preguntas abiertas para estimular el pensamiento crítico y la exploración de nuevas perspectivas. Por ejemplo: "¿Qué creencias podríamos reevaluar en nuestras vidas para impulsar un cambio positivo?".

## 8. Compromisos de acción:
Finaliza la dinámica invitando a los participantes a comprometerse con una acción concreta basada en las reflexiones realizadas. Esto podría ser algo relacionado con una creencia que desean reevaluar o una forma específica en la que quieren aplicar lo aprendido.

## Cierre:
Concluye la dinámica resaltando la importancia de mantenerse abiertos al cambio y la reevaluación constante de nuestras creencias para promover el crecimiento personal y el bienestar emocional.

Esta dinámica proporciona un espacio seguro y estimulante para que los participantes exploren sus creencias, compartan experiencias y se inspiren mutuamente en el proceso de reevaluación personal.

# La Transformación de Andrés.

*Nuestras creencias
son como semillas;
al cambiarlas,
cultivamos un jardín
de posibilidades.*

## La Transformación de Andrés.

Andrés, un hombre de mediana edad con el cabello entrecano y la mirada cansada, se encontraba sentado en un viejo banco de madera en la plaza del pueblo. La brisa otoñal agitaba las hojas de los árboles, creando un sonido melancólico que resonaba con la tristeza que inundaba su corazón.

Durante años, Andrés había dedicado su vida a ayudar a los demás. Era un hombre bondadoso y altruista, siempre dispuesto a ofrecer su tiempo y esfuerzo para apoyar a quienes lo necesitaban. Sin embargo, a pesar de su incansable labor, una profunda sensación de vacío lo atormentaba.

Un día, mientras leía un libro de reflexiones, una frase familiar le impactó como nunca antes: "Ama a tu prójimo como a ti mismo". Pero esta vez, la frase resonó con una intensidad diferente. No solo se trataba de amar a los demás, sino de amarse a sí mismo con la misma intensidad y devoción.

Esta revelación sacudió los cimientos de las creencias de Andrés. Durante tanto tiempo, había priorizado las necesidades de los demás por encima de las suyas, creyendo que eso era lo correcto, lo noble. Sin embargo, ahora comprendía que no podía ofrecer lo que no tenía. No podía dar amor si no se amaba a sí mismo primero.

Con el corazón lleno de preguntas y dudas, Andrés se embarcó en un viaje de autodescubrimiento. Se preguntó: ¿Cómo puedo amarme a mí mismo? ¿Qué necesito para ser feliz? ¿Qué sueños he postergado por atender a los demás?

En las profundidades de su ser, Andrés encontró una fuerza y una vibración especial. Comenzó a visualizar aquello que necesitaba para sanar su interior y transformarse. Imaginó nuevas aficiones, hábitos y cualidades que le permitirían crecer como persona y ofrecer al mundo una versión más plena y auténtica de sí mismo.

A partir de ese momento, Andrés inició una transformación radical. Se dedicó tiempo a sí mismo, explorando sus pasiones y descubriendo nuevos talentos. Cuidó su salud física y mental, alimentando su cuerpo y su alma con experiencias enriquecedoras.

Al amarse a sí mismo, Andrés descubrió que podía amar a los demás con mayor profundidad y autenticidad. Su ayuda ya no era un sacrificio o una obligación, sino una expresión genuina de su amor y compasión.

La transformación de Andrés fue un proceso gradual, lleno de desafíos y aprendizajes. Sin embargo, cada paso lo acercaba a la plenitud que tanto anhelaba. Comprendió que amar al prójimo como a uno mismo no era un acto egoísta, sino la base para construir relaciones sanas y duraderas.

La historia de Andrés nos recuerda que el amor propio no es un lujo, sino una necesidad fundamental para alcanzar la felicidad y el bienestar. Al cuidarnos y valorarnos a nosotros mismos, abrimos las puertas a una vida plena y significativa, donde podemos ofrecer al mundo lo mejor de nosotros mismos.

## Recuerda:

Cambiar nuestras creencias transforma nuestra realidad.

Nos abrimos a nuevas oportunidades.

Las creencias no son verdades absolutas, sino construcciones mentales arraigadas que moldean nuestra percepción y acciones.

La voluntad de cuestionar nuestras creencias arraigadas.

La verdadera transformación no solo se trata de cambiar creencias, sino de adoptar acciones consistentes con esas nuevas creencias.

Nuestros hábitos determinan nuestro destino. Si nuestros hábitos están enraizados en creencias limitantes, nuestro destino será igualmente limitado.

En cambio, si adoptamos creencias empoderadoras basadas en la gratitud, humildad y realidad, moldearemos una realidad más flexible y a nuestro gusto.

## Explorando mi actitud hacia la transformación

Explorar tu actitud hacia la transformación puede ser muy revelador para entender cómo te relacionas con el cambio y el desarrollo personal. Aquí te presento algunas preguntas que pueden ayudarte a reflexionar:

1. ¿Cómo te sientes acerca de desafiar tus creencias actuales?

2. ¿Qué tipo de emociones experimentas al considerar adoptar nuevas perspectivas o creencias?

3. ¿Qué te motiva a querer transformar aspectos de tu vida o tu manera de pensar?

4. ¿Cuál es tu nivel de comodidad con la incertidumbre y el cambio?

5. ¿Qué crees que te impide cambiar ciertas creencias o comportamientos que consideras limitantes?

6. ¿Qué rol juega la autenticidad en tu proceso de transformación?

7. ¿Estás abierto/a a recibir retroalimentación o perspectivas diferentes de las tuyas?

8. ¿Cómo crees que tus creencias actuales afectan tu calidad de vida y tus relaciones?

9. ¿Qué recursos o apoyos necesitarías para facilitar tu proceso de transformación?

10. ¿Qué significaría para ti alcanzar un estado de transformación personal satisfactorio?

Al cambiar nuestras creencias, cambiamos nuestra percepción del mundo, lo cual influye en nuestras interacciones con él, generando así una transformación en nuestra realidad personal.

## Explorando mi pasado transformador

Explorar tu pasado transformador puede ser una experiencia enriquecedora para comprender cómo has evolucionado y qué aprendizajes has obtenido a lo largo del camino. Aquí te propongo algunas preguntas que te ayudarán a reflexionar sobre tu pasado transformador:

1. ¿Cuál ha sido el momento más significativo de transformación en tu vida hasta ahora?

2. ¿Qué desafíos enfrentaste durante este proceso de transformación?

3. ¿Cómo te sentiste al enfrentar esos desafíos y superarlos?

4. ¿Qué aprendiste sobre ti mismo/a durante este período de transformación?

5. ¿Hubo alguna persona o experiencia clave que influyó en tu proceso de transformación?

6. ¿Qué valores o creencias cambiaron como resultado de esta transformación?

7. ¿Cómo describirías tu mentalidad antes y después de este período transformador?

8. ¿Qué habilidades o fortalezas descubriste durante este proceso?

9. ¿Qué consejos te darías a ti mismo/a si pudieras retroceder en el tiempo al inicio de este proceso de transformación?

10. ¿Cómo ha impactado esta transformación en tu vida actual y en tus metas futuras?

Responder estas preguntas te permitirá reflexionar sobre tu viaje de transformación pasado, identificar patrones de crecimiento y reconocer tus logros personales. Además, te ayudará a visualizar cómo tus experiencias pasadas pueden seguir guiando tu desarrollo personal en el futuro.

## Frases celebres

*"La única manera de hacer un buen trabajo es amar lo que haces. Si no has encontrado aun lo que amas, sigue buscando, no te detengas. Como con todo lo que tiene que ver con el corazón, sabrás cuando lo encuentres."*
Steve Jobs.

*"No puedo cambiar la dirección del viento, pero sí ajustar mis velas para llegar siempre a mi destino."*
James Dean.

*"El verdadero viaje del descubrimiento no consiste en buscar nuevos paisajes, sino en mirar con nuevos ojos."*
Marcel Proust.

*"El que no está ocupado naciendo, está ocupado muriendo."*
Bob Dylan.

*"Lo que resistes, persiste. Lo que aceptas, se transforma."*
Carl Jung.

*"El cambio es la ley de la vida. Y aquellos que miran solo al pasado o al presente están seguros de perder el futuro."* -
John F. Kennedy.

*"La vida es una serie de cambios naturales y espontáneos. No te resistas a ellos; eso solo crea tristeza. Déjate fluir con la vida, sin resistencia, y nada te molestará."*
Lao Tzu.

*"Nadie puede volver atrás y empezar de nuevo, pero cualquiera puede empezar hoy y crear un nuevo final."*
María Robinson.

*"No se trata de predecir el futuro, sino de crearlo."*
Peter Drucker.

*"La transformación no es algo que ocurre con un golpe de varita mágica. Es algo que ocurre con un cambio de mentalidad y un compromiso con el crecimiento personal."*
Anónimo.

## Dinámica de grupo

Una dinámica de grupo para analizar y reflexionar sobre la Ley de la Transformación puede ser una actividad poderosa para fomentar el intercambio de ideas y experiencias. Aquí te propongo una dinámica que puedes utilizar:

## Título: "Transformando Creencias"

**Objetivo de la Dinámica:**
- Explorar cómo nuestras creencias impactan en nuestra realidad y cómo podemos transformarlas para el crecimiento personal.

**Materiales Necesarios:**
Papel y bolígrafos.
Cartulinas o pizarras para escribir.
Marcadores de diferentes colores.
Espacio para grupos pequeños

## Instrucciones:

**1. Introducción (15 minutos):**
Comienza explicando la Ley de la Transformación y su importancia en el desarrollo personal.

Anima a los participantes a reflexionar sobre sus propias creencias y cómo estas afectan sus vidas diarias.

## 2. Actividad Principal - Grupos de Discusión (30 minutos):

Divide a los participantes en grupos pequeños (de 4 a 6 personas por grupo).

Asigna a cada grupo una serie de preguntas para discutir y reflexionar.

Algunas preguntas sugeridas podrían ser:

¿Cuál es una creencia limitante que hayas enfrentado en tu vida?

¿Cómo afectó esa creencia tu forma de actuar y pensar?

¿Cómo lograste desafiar esa creencia y transformarla en algo positivo?

¿Qué papel juega la voluntad y la acción en la transformación de creencias?

¿Qué estrategias podríamos utilizar para ayudar a otros a transformar sus creencias limitantes?

## 3. Presentación y Discusión (30 minutos):
Después de la sesión de discusión en grupos, invita a cada grupo a compartir sus reflexiones y conclusiones con el resto del grupo.

Anima a todos a participar y aportar ideas sobre cómo aplicar la Ley de la Transformación en sus propias vidas.

Fomenta un debate abierto y respetuoso sobre las experiencias compartidas y las estrategias propuestas.

**4. Cierre y Reflexión (15 minutos):**
Finaliza la dinámica con una sesión de reflexión grupal.

Pregunta a los participantes cómo se sienten después de la actividad y qué aprendizajes se llevan consigo. Anima a todos a establecer compromisos personales para aplicar lo aprendido en sus vidas diarias.

## Consejos Adicionales:
Sé flexible y permisivo con las ideas y opiniones de los participantes.

Fomenta un ambiente de escucha activa y respeto mutuo.

Utiliza las conclusiones de la dinámica para guiar futuras actividades de desarrollo personal y crecimiento grupal.

# Elara y el bosque resiliente.

*"La resiliencia no borra el pasado, pero sí te enseña a escribir un nuevo capítulo con valentía y determinación."*

## Elara y el bosque resiliente.

En las entrañas del frondoso bosque de Araucaria, habitaba una joven llamada Elara, cuyo corazón albergaba un dolor tan profundo como las raíces de los árboles milenarios que la rodeaban. Un problema que, cual enredadera voraz, estrangulaba su espíritu y la sumía en un mar de desolación.

Cierto día, mientras vagaba sin rumbo por el bosque, sus pasos la condujeron a una pequeña cabaña cubierta de musgo. Una tenue luz se filtraba por las rendijas de la puerta, invitándola a entrar. Al cruzar el umbral, se encontró con un anciano de mirada serena y barba poblada de sabiduría.

"Adelante, hija mía", dijo el anciano con una voz cálida como el sol de la mañana. "Sé que el peso que llevas sobre tus hombros te oprime, pero no temas, aquí encontrarás alivio".

Elara, con el corazón encogido, narró al anciano la fuente de su aflicción, un relato plagado de obstáculos y desilusiones que la habían llevado al borde del precipicio. El anciano la escuchó con atención, sin interrumpir, dejando que sus palabras fluyeran como un río caudaloso.

Cuando Elara hubo terminado su relato, el anciano sonrió con una sabiduría que solo se adquiere con los años. "Hija mía", dijo, "la vida no es un camino de flores, sino un sendero plagado de piedras y espinas.

Sin embargo, es en la adversidad donde florece la verdadera fortaleza".

Y así, el anciano comenzó a explicarle y a comparar su vida con un bosque quemado:
Imagina un bosque frondoso, hogar de una rica biodiversidad de plantas y animales. Un día, un incendio arrasa la zona, dejando tras de sí un paisaje desolador de cenizas y troncos carbonizados. La escena parece el fin de un ecosistema, pero la naturaleza tiene una capacidad asombrosa para recuperarse. Así parece tu vida ahora. Hay que aceptar lo que hay, y comenzar a ver lo que no se ve: la esencia, lo que nunca muere.

Las primeras señales de vida aparecen poco después del incendio. Entre las cenizas, brotan pequeñas hierbas y flores, aprovechando los nutrientes liberados por las llamas. Insectos y pequeños animales regresan, atraídos por la nueva vegetación. Con el tiempo, arbustos y árboles jóvenes comienzan a crecer, creando un nuevo dosel verde.

¿Cuáles o dónde están esas señales de vida en ti? Aquello que es propio de ti y que te acompaña desde niña. Lo que te hace feliz. Lo que has aprendido de todo esto.

## Adaptación a las nuevas condiciones:

El nuevo bosque que emerge no es exactamente igual al que fue destruido. El fuego ha modificado el terreno y creado nuevas oportunidades para algunas especies. Algunas plantas que antes eran poco comunes ahora prosperan en el nuevo entorno abierto. Los animales también se adaptan, algunos encontrando nuevas fuentes de alimento en los árboles jóvenes, mientras que otros se convierten en especialistas en la descomposición de la madera muerta.

Ahora tus creencias pueden cambiar y tu manera de vivir y relacionarte también. Lo que eres y lo aprendido te harán crecer y posiblemente de una forma diferente.

## Un ecosistema más fuerte:

El bosque que renace después de un incendio puede ser, en algunos aspectos, más fuerte que el original.

Los árboles jóvenes crecen más rápido, aprovechando la abundancia de luz y nutrientes. La diversidad de especies puede aumentar, ya que nuevas plantas y animales encuentran un hogar en el nuevo entorno.

El ecosistema se vuelve más resistente a futuros incendios, ya que algunas especies han desarrollado adaptaciones para sobrevivir al fuego

"¿Qué has aprendido de esta experiencia?", preguntó el anciano. "¿Qué te ha enseñado sobre ti misma y sobre el mundo que te rodea?".

Elara, al principio, solo pudo responder con lágrimas y sollozos. Pero a medida que el anciano continuaba haciéndole preguntas, una pequeña llama de esperanza comenzó a encenderse en su interior.

"¿Qué te hace única?", preguntó el anciano. "¿Qué dones y talentos posees que pueden ayudarte a superar este obstáculo?".

Elara reflexionó sobre las palabras del anciano y, poco a poco, comenzó a recordar sus fortalezas, aquellas cualidades que la hacían especial y que había olvidado en medio de su dolor.

"¿Qué quieres lograr en la vida?", preguntó el anciano. "¿Qué sueños anhelas alcanzar?".
Elara se imaginó un futuro libre de dolor, un futuro lleno de posibilidades y oportunidades. Y por primera vez en mucho tiempo, sintió una chispa de determinación en su corazón.

Al final de la conversación, Elara se despidió del anciano con una renovada sensación de paz y esperanza. Las preguntas del anciano habían sido como un bálsamo para su alma herida, guiándola hacia un camino de sanación y crecimiento personal.

## Recuerda:

Las creencias constructivas fortalecen a las personas, haciéndolas capaces de recuperarse de desafíos y adversidades.

La Resiliencia es en la capacidad de superar crisis y convertirlas en oportunidades.

Las creencias resilientes nos proporcionan la fuerza para aprender y crecer a partir de ellos.

La resiliencia fomenta valores fundamentales como la perseverancia, la determinación y el aprendizaje desde experiencias difíciles.

Ejercitar la resiliencia nos permite aprovechar nuestro potencial y encontrar oportunidades incluso en las circunstancias más difíciles.

## Explorando la capacidad de resiliencia

1. ¿Podrías contarme sobre alguna situación difícil o desafiante que hayas enfrentado en el pasado y cómo la superaste?

2. ¿Qué estrategias o recursos utilizaste para manejar esa situación?

3. ¿Cómo te sentiste durante y después de superar ese desafío?

4. ¿Qué aprendiste de esa experiencia y cómo te ha ayudado en otras situaciones difíciles?

5. ¿Qué crees que son tus principales fortalezas o habilidades que te han permitido ser resiliente en momentos difíciles?

6. ¿Cómo te enfrentas a la incertidumbre o a situaciones fuera de tu control?

7. ¿Qué papel juegan tus creencias y valores en tu capacidad para superar adversidades?

8. ¿Qué apoyo emocional o social encuentras más útil cuando te enfrentas a momentos difíciles?

9. ¿Cómo defines la resiliencia en tu vida y cuál es su importancia para ti?

10. ¿Cuál es tu actitud hacia los errores o fracasos? ¿Cómo los utilizas para crecer y aprender?

## Explorando mi historial de resiliencia

Explorar tu historial de resiliencia puede proporcionarte valiosas perspectivas sobre cómo has enfrentado desafíos en el pasado y cómo te has recuperado de ellos. Aquí tienes algunas preguntas para reflexionar:

1. ¿Cuál ha sido la experiencia más difícil o desafiante que has enfrentado en tu vida hasta ahora?

2. ¿Cómo te sentiste durante esa situación? ¿Hubo momentos en los que te sentiste abrumado o desesperanzado?

3. ¿Qué estrategias o recursos utilizaste para afrontar esa dificultad?

4. ¿Quiénes fueron tus principales fuentes de apoyo durante ese período?

5. ¿Qué aprendiste de esa experiencia? ¿Cómo te ha cambiado o influenciado en tu forma de ver las adversidades?

6. ¿Has enfrentado otros momentos difíciles en diferentes áreas de tu vida (por ejemplo, salud, relaciones personales, trabajo) y cómo los superaste?

7. ¿Cómo manejas el estrés o la presión en situaciones difíciles?

8. ¿Qué papel juega tu mentalidad o actitud en tu capacidad para recuperarte de los desafíos?

9. ¿Cómo te defines a ti mismo/a en términos de resiliencia?

10. ¿Qué consejo darías a alguien que está pasando por una situación similar a la que has superado?

## Dinámica de grupo

Una dinámica de grupo diseñada para analizar y fomentar la resiliencia puede ser una herramienta valiosa para promover el aprendizaje y el desarrollo personal en un entorno colaborativo. Aquí te propongo una actividad que puedes utilizar:

## "Historias de Resiliencia"

**Objetivo:**
Explorar experiencias personales de resiliencia, identificar estrategias efectivas y fomentar el apoyo mutuo dentro del grupo.

**Materiales necesarios:**
Papel, marcadores, y tarjetas pequeñas.

## Pasos de la dinámica:

**1. Introducción (15 minutos):**
Comienza explicando el concepto de resiliencia: la capacidad de recuperarse frente a la adversidad y aprender de las experiencias difíciles.

Anima a los participantes a compartir sus propias experiencias de resiliencia de manera voluntaria, enfatizando que todos enfrentamos desafíos en la vida.

**2. Ejercicio de Reflexión Individual (10 minutos):**
Entrega a cada participante una tarjeta pequeña y pídeles que escriban brevemente sobre una

experiencia difícil que hayan superado y cómo lo lograron.

Pídeles que reflexionen sobre lo que aprendieron de esa experiencia y qué estrategias o recursos les fueron útiles.

**3. Compartir en Grupo (20 minutos):**
Invita a los participantes a compartir sus historias de resiliencia de manera voluntaria.

Durante esta fase, fomenta un ambiente de escucha comprensiva y empática.

Después de cada historia, facilita una breve discusión para identificar las estrategias o actitudes clave que ayudaron a esa persona a ser resiliente.

**4. Actividad de Brainstorming (15 minutos):**
Divide al grupo en equipos pequeños (de 3 a 4 personas).

Proporciona hojas de papel y marcadores y pide a cada equipo que identifique y escriba una lista de estrategias efectivas para desarrollar resiliencia basadas en las historias compartidas.

Anima a los equipos a ser creativos y pensar en estrategias prácticas y realistas.

## 5. Presentación y Discusión en Grupo (20 minutos):

Invita a cada equipo a compartir sus ideas y estrategias de resiliencia.

Facilita una discusión grupal para resaltar las estrategias más relevantes y útiles.

Anima a los participantes a compartir cómo podrían aplicar estas estrategias en sus propias vidas para fortalecer su capacidad de resiliencia.

## 6. Cierre (10 minutos):
Concluye la dinámica resumiendo los puntos clave sobre la resiliencia.

Anima a los participantes a seguir explorando y desarrollando su resiliencia en sus vidas diarias.

## Notas adicionales:

### Ambiente de Apoyo:
Es fundamental crear un ambiente seguro y de apoyo durante toda la dinámica, donde los participantes se sientan cómodos compartiendo sus experiencias personales.

### Facilitación Empática:
Como facilitador/a, muestra empatía y comprensión hacia las experiencias de los participantes, y fomenta una conversación respetuosa y constructiva.

**Aplicación Personal:**
Anima a los participantes a reflexionar sobre cómo pueden aplicar las estrategias discutidas en su vida diaria para fortalecer su resiliencia frente a futuros desafíos.

Esta dinámica tiene como objetivo no solo explorar la resiliencia individual, sino también promover el aprendizaje colectivo y el apoyo mutuo dentro del grupo, creando así un entorno en el que todos puedan aprender y crecer juntos.

# El Pastor y el Forastero: Un viaje hacia la integridad.

*"La integridad es el puente sólido que une nuestras convicciones con nuestras acciones, sin importar las corrientes que intenten desviar nuestro camino."*

## El Pastor y el Forastero: Un viaje hacia la integridad.

En el corazón de un pequeño pueblo, rodeado de montañas majestuosas y campos de trigo dorados, vivía un hombre llamado Manuel. No era un hombre de grandes títulos o riquezas, pero poseía una riqueza incalculable: la integridad.

Manuel era un pastor, sus manos curtidas por el trabajo y su rostro surcado por las líneas de una vida sencilla. Cada mañana, antes del alba, ascendía a las colinas con su rebaño, guiándolos con una sabiduría que provenía no de libros, sino de la profunda conexión con la naturaleza y sus animales.

Un día, un forastero llegó al pueblo, buscando consejo. Era un hombre adinerado, pero atormentado por la duda y la incertidumbre. Había acumulado riquezas, pero no había encontrado la paz interior.

Acudió a Manuel, buscando en su sencillez la sabiduría que no había encontrado en los grandes pensadores y filósofos. Manuel lo escuchó con atención, sin juzgar ni interrumpir.

"¿Qué te ha traído hasta aquí, amigo mío?", preguntó Manuel con genuina curiosidad e interés por la historia del forastero.

El forastero, conmovido por la calidez de la mirada de Manuel, comenzó a narrar su vida, sus logros y sus vacíos. Habló de las riquezas que había acumulado, de las empresas que había fundado y del reconocimiento que había obtenido. Sin embargo, también confesó la profunda insatisfacción que sentía, la sensación de que algo faltaba en su vida.

Manuel, en silencio, observaba al forastero, reflexionando sobre sus palabras. Cuando el forastero terminó de hablar, Manuel le dijo: "La riqueza verdadera no se encuentra en las posesiones materiales, sino en la integridad del corazón. Un corazón íntegro es aquel que obra con justicia, que habla con verdad y que trata a los demás con respeto, independientemente de su condición social."

"¿Cómo puedo encontrar esa integridad?", preguntó el forastero, con un anhelo genuino en su voz.

Manuel sonrió y dijo: "Para encontrar la integridad, primero debes explorar los rincones de tu alma, aquellos que albergan tus sueños, tus miedos y tus anhelos. ¿En qué rincones de tu alma buscas la paz que te inquieta?"

El forastero, tomado por sorpresa por la pregunta, se quedó en silencio, reflexionando sobre su interior.

"Escucha con atención las voces que resuenan en tu corazón", continuó Manuel. "¿Qué voces te impulsan a seguir adelante y cuáles te frenan? ¿Qué te dice tu intuición?"

El forastero comenzó a prestar atención a las voces que resonaban en su interior, a las emociones que lo inundaban y a los pensamientos que lo atormentaban. Poco a poco, fue descubriendo una verdad que había permanecido oculta durante mucho tiempo: la paz interior no se encontraba fuera de él, sino dentro de su propio ser.

"¿Qué tesoros has encontrado en tu camino, más allá de las riquezas materiales?", preguntó Manuel, invitando al forastero a reflexionar sobre los valores que realmente importaban.

El forastero reflexionó sobre las experiencias que lo habían marcado, sobre las personas que había amado y las lecciones que había aprendido. Se dio cuenta de que los verdaderos tesoros no eran las cosas materiales, sino las experiencias, las relaciones y el crecimiento personal.

"¿Qué semillas de bondad has sembrado en la tierra de tu vida?", preguntó Manuel, enfatizando la importancia de las acciones compasivas.

El forastero pensó en las veces que había ayudado a los demás, en los gestos de amabilidad que había tenido y en la huella positiva que había dejado en el mundo. Se dio cuenta de que la bondad era una semilla que podía florecer y dar frutos en la vida de los demás.

"¿Qué huellas has dejado en el sendero de los demás, huellas de aliento o de dolor?", preguntó Manuel, invitando al forastero a reflexionar sobre su impacto en el mundo.

El forastero evaluó sus acciones, sus palabras y sus decisiones. Se dio cuenta de que algunas de sus acciones habían causado dolor a los demás, mientras que otras habían traído alegría y aliento. Se comprometió a ser más consciente de su impacto en el mundo y a dejar huellas positivas en el camino de los demás.

"¿En qué tipo de persona anhelas convertirte, en un reflejo de tu pasado o en una nueva versión de ti mismo?", preguntó Manuel, desafiando al forastero a buscar su mejor versión.

El forastero se visualizó a sí mismo en el futuro, como una persona más compasiva, más íntegra y más conectada con su ser interior. Se dio cuenta de que tenía el potencial de convertirse en la mejor versión de sí mismo, una versión que reflejara la verdadera riqueza de su corazón.

En la cima de la colina, bajo la luz tenue del alba,

## Recuerda:

Lo importante que es la integridad en la comunicación y la conexión con los demás.

La integridad se basa en hablar desde la experiencia personal y los valores genuinos, en contraste con simplemente repetir ideas aprendidas.

La autenticidad surge cuando se comunica desde el corazón y se vive en coherencia con lo que se ha experimentado.

Las creencias auténticas, arraigadas en experiencias personales, son más sólidas y generan más confianza naturalmente en otros, sin necesidad de convencer.

## Explorando la integridad

Explorar la propia integridad es un proceso profundo y reflexivo. Aquí te comparto algunas preguntas que podrían ayudarte a reflexionar sobre este tema:

1. ¿Qué valores son más importantes para mí en la vida?

2. ¿Cómo actúo cuando mis acciones están en línea con mis valores? ¿Y cuando no lo están?

3. ¿Qué principios éticos guían mis decisiones y comportamientos?

4. ¿Soy honesto/a conmigo mismo/a sobre mis motivaciones y deseos?

5. ¿Cómo reacciono cuando enfrento dilemas morales o éticos?

6. ¿Mis acciones reflejan coherencia entre lo que pienso, digo y hago?

7. ¿Cuándo fue la última vez que me sentí orgulloso/a de actuar de acuerdo con mis principios?

8. ¿Cuándo fue la última vez que me sentí en conflicto interno debido a una falta de integridad?

9. ¿Cómo me perciben los demás en términos de integridad y autenticidad?

10. ¿En qué áreas de mi vida siento que necesito mejorar mi coherencia y honestidad?

## Explorando la integridad en mi historia

Para aprovechar al máximo tu integridad a lo largo de tus experiencias vividas, puedes reflexionar sobre las siguientes preguntas:

1. ¿Cómo puedo aplicar mis valores y principios en las decisiones que tomo diariamente?

2. ¿Cuáles han sido los momentos más significativos en los que mi integridad ha sido puesta a prueba? ¿Cómo respondí y qué aprendí de esas experiencias?

3. ¿Qué situaciones me hacen sentir más auténtico/a y en armonía con mis valores?

4. ¿Qué actividades o roles en mi vida me permiten expresar mejor mi integridad?

5. ¿Cómo puedo comunicar de manera más efectiva mis valores a los demás en mi entorno personal y profesional?

6. ¿Qué cambios o ajustes puedo hacer en mi vida para vivir de manera más coherente con mis creencias fundamentales?

7. ¿Cómo puedo usar mis experiencias pasadas para fortalecer mi integridad y ayudar a otros a hacer lo mismo?

8. ¿Cuáles son mis mayores desafíos o tentaciones que podrían comprometer mi integridad? ¿Cómo puedo abordar estos desafíos de manera proactiva?

9. ¿Cómo puedo cultivar un entorno que fomente la integridad y el respeto mutuo en todas mis interacciones?

10. ¿Qué pasos puedo tomar para ser más consciente y deliberado en mis acciones, asegurándome de que estén alineadas con mis valores más profundos?

Estas preguntas te ayudarán a reflexionar sobre cómo puedes incorporar tu integridad en cada aspecto de tu vida diaria y cómo puedes aprender y crecer a partir de tus experiencias pasadas. Al ser consciente de tu integridad y comprometerte a vivir de manera coherente con tus valores, podrás navegar mejor por las complejidades de la vida y desarrollar relaciones más auténticas y significativas.

# Frases celebres

*"La integridad es hacer lo correcto, incluso cuando nadie está mirando."*
C.S. Lewis.

*"La integridad es la esencia de todo éxito."*
R. Buckminster Fuller.

*"La verdadera integridad es hacer lo correcto, incluso cuando nadie está mirando."*
Anónimo.

*"La integridad es decir la verdad, incluso si duele."*
Anónimo.

*"El valor de una persona se mide por su capacidad para enfrentar la adversidad con integridad."*
Anónimo

*"La integridad es la virtud más valiosa que podemos poseer. Es el valor que define todas las demás."*
Roy T. Bennett.

*"Nada es más valioso que tu reputación de integridad, y no hay nada más venenoso que la deshonestidad.*
Zig Ziglar.

*"La integridad es hacer lo correcto, incluso cuando nadie está mirando."*
Jim Stovall,

*"La integridad es hacer lo correcto, incluso cuando nadie está mirando."*
C.S. Lewis.

*"La integridad y la honestidad son reconocidas como las cualidades más importantes y valiosas de una persona."*
Brian Tracy.

## Dinámica de grupo

Aquí te propongo una dinámica de grupo que puede ayudar a profundizar en el tema de la integridad:

## "El Espejo de la Integridad"

### Objetivo:
Reflexionar sobre la importancia de la integridad personal y explorar cómo se manifiesta en la vida diaria.

### Materiales Necesarios:
Hojas de papel y bolígrafos para cada participante.
Un espejo grande o varios espejos pequeños colocados en una mesa central.

## Instrucciones:

### 1. Introducción (10 minutos):
Comienza la sesión explicando el concepto de integridad y su importancia en la vida personal y profesional. Define la integridad como la coherencia entre los valores, principios y acciones de una persona.

### 2. Ejercicio Individual (15 minutos):
Pide a cada participante que tome una hoja de papel y se tome unos minutos para reflexionar en silencio sobre las siguientes preguntas:

¿Qué significa la integridad para mí?
¿Cuáles son mis valores y principios fundamentales?

¿En qué áreas de mi vida siento que puedo mejorar mi integridad?
¿Cómo puedo ser más consciente de vivir en coherencia con mis valores?

Invita a los participantes a escribir sus pensamientos y reflexiones en la hoja.

### 3. Compartir en Parejas (15 minutos):
Forma parejas entre los participantes. Pídeles que compartan sus reflexiones sobre la integridad y discutan cómo aplican sus valores en sus vidas diarias. Anima a cada pareja a proporcionar retroalimentación constructiva y apoyo mutuo.

### 4. Reflexión en Grupo (20 minutos):
Invita a los participantes a reunirse en círculo. Comienza una discusión abierta basada en las siguientes preguntas:

¿Qué aprendizajes importantes obtuvieron sobre la integridad durante este ejercicio?

¿Cuáles son los desafíos más comunes para mantener la integridad en nuestras vidas?

¿Cómo podemos fomentar un entorno que promueva la integridad en nuestros grupos sociales o profesionales?

Anima a todos los participantes a compartir sus ideas y experiencias.

## 5. Ejercicio Final con los Espejos (15 minutos):

Coloca los espejos en el centro del grupo. Pide a cada participante que se mire en el espejo durante unos minutos en silencio. Invítalos a reflexionar sobre las siguientes preguntas:

¿Qué veo en el espejo que refleja mi integridad?
¿Cómo puedo ser más auténtico/a en mi vida cotidiana?
¿Qué cambios puedo hacer para alinearme mejor con mis valores?

Anima a los participantes a compartir sus reflexiones finales si lo desean.

## Cierre (5 minutos):
Termina la dinámica agradeciendo a los participantes por su participación y por explorar el tema de la integridad de manera tan profunda. Anímalos a llevar consigo las reflexiones y aprendizajes obtenidos durante la sesión y a aplicarlos en sus vidas cotidianas.

Esta dinámica proporciona un espacio seguro y reflexivo para que los participantes exploren el significado de la integridad, compartan experiencias y reflexionen sobre cómo pueden vivir más auténticamente de acuerdo con sus valores personales.

# En busca de la brújula interior.

*"En la mente clara reside la fuerza para disipar las sombras de la duda."*

## En busca de la brújula interior.

En el corazón de un pequeño pueblo, vivía un joven llamado Diego, inquieto y con un anhelo ardiente en su alma: descubrir su propósito en la vida. Sus días transcurrían entre dudas y preguntas existenciales, buscando respuestas que le guiaran hacia un destino claro y significativo.

Un día, mientras paseaba por el bosque, Diego se encontró con una cabaña antigua y misteriosa. Un aura de sabiduría emanaba de ella, atrayéndolo como un imán. Llamó a la puerta, y al abrirse, se encontró con un anciano de mirada serena y profunda sonrisa, que lo invitó a pasar.

Diego, sin pensarlo dos veces, le expresó al anciano sus inquietudes: "¿Cómo puedo saber cuáles son mis valores? ¿Qué debo tener en cuenta al tomar decisiones? ¿Debo prestar atención a mis emociones? ¿Mis relaciones me guiarán? ¿Cómo puedo descubrir lo que realmente me impulsa? ¿Qué hago con mis suposiciones? ¿En qué puedo apoyarme para encontrar mi camino?".

El anciano, con voz pausada y llena de sabiduría, le respondió: "Joven Diego, tu búsqueda es noble y tu inquietud es un indicio de un espíritu despierto. Las respuestas que buscas residen en tu interior, esperando a ser descubiertas. Permíteme compartir contigo algunas claves que me han guiado en mi propio camino".

### 1. Conócete a ti mismo:
Embárcate en un viaje de autodescubrimiento. Explora tus pasiones, tus talentos, tus miedos y tus sueños. ¿Qué te hace vibrar? ¿Qué te llena de satisfacción? ¿Qué te conmueve hasta lo más profundo de tu ser? Las respuestas a estas preguntas te revelarán tus valores más profundos.

### 2. Escucha tu intuición:
No ignores la voz interior que te susurra. Ella te guiará hacia decisiones alineadas con tu propósito. Presta atención a tus emociones, pues son el reflejo de tu alma. Si algo te genera paz y alegría, es probable que esté en el camino correcto.

### 3. Rodéate de personas positivas:
Las relaciones son un pilar fundamental en la vida. Elige rodearte de personas que te inspiren, te apoyen y te animen a alcanzar tus sueños. Aléjate de aquellos que te drenan energía y te limitan.

### 4. Aprende de tus experiencias:
Cada experiencia, tanto positiva como negativa, te enseña algo valioso. Observa con atención las lecciones que la vida te ofrece y utilízalas para crecer y evolucionar.

### 5. Confía en el proceso:
El camino hacia el autodescubrimiento no es lineal ni está exento de desafíos. Habrá momentos de duda e incertidumbre, pero no te desanimes. Confía en el proceso y sigue avanzando con paso firme.

### 6. No tengas miedo de reinventarte:
A medida que creces y aprendes, tus valores y prioridades pueden cambiar. No te aferres a una imagen rígida de ti mismo. Abre tu mente a nuevas posibilidades y no tengas miedo de reinventarte.

### 7. Aporta valor al mundo:
La mejor manera de encontrar tu propósito es enfocarte en algo más grande que tú mismo. Busca maneras de contribuir al mundo de forma positiva y significativa.

Diego, que la brújula que te guiará hacia tu destino está en tu interior. Confía en tu intuición, aprende de tus experiencias, rodéate de personas positivas y nunca dejes de buscar tu propósito. El camino no siempre será fácil, pero la recompensa será inigualable: una vida plena y significativa, alineada con tu esencia más profunda.

# Recuerda:

Tener creencias claras y definidas proporciona dirección y enfoque, mientras que creencias difusas generan dispersión en la vida, tanto energética como de prioridades.

Cuando una persona define claramente sus creencias, obtiene una guía sólida para la toma de decisiones y la acción, lo que conduce a una dirección, enfoque, propósito y un sentido de la vida poderoso.

Algunos ejemplos de creencias fundamentales claras incluyen que amar es cuidar, que la vida es finita y debe aprovecharse, que tener relaciones de calidad mejora la vida, que el aprendizaje y el crecimiento son esenciales, que el respeto genera confianza y calidad en las relaciones, y que la humildad es una fuerza para la transformación.

La claridad en estas creencias ayuda a concentrar la energía y esfuerzo en lo verdaderamente importante, evitando distracciones y decisiones inconsistentes.

### Explorando la Claridad en la Vida

Para evaluar el nivel de claridad en las creencias de una persona, puedes hacer preguntas que aborden diferentes aspectos de su pensamiento y sus convicciones. Aquí te presento algunas preguntas que podrían ayudar:

1. ¿Qué valores fundamentales guían tus decisiones en la vida?

2. ¿Cómo describirías tu propósito o misión personal?

3. ¿Cuáles son tus creencias sobre el amor y las relaciones interpersonales?

4. ¿Qué significado le das a la vida y cómo te motiva esa perspectiva?

5. ¿Cuáles son tus prioridades principales en este momento de tu vida?

6. ¿Qué principios éticos o morales consideras más importantes y por qué?

7. ¿Qué papel juega la humildad en tu manera de relacionarte con los demás y contigo mismo/a?

8. ¿Cómo defines el éxito y qué te impulsa a alcanzarlo?

9. ¿Cómo manejas las situaciones difíciles o los momentos de adversidad basado en tus creencias?

10. ¿Cómo crees que tus creencias te ayudan a tomar decisiones importantes en la vida?

## Explorando la claridad en mi historia

Si estás buscando aprovechar al máximo tus momentos de claridad personal para reflexionar sobre tu historia y tu vida, aquí tienes algunas preguntas que podrían ayudarte a profundizar y obtener insights significativos:

1. ¿Cuáles son los momentos más significativos o transformadores de mi vida hasta ahora?

2. ¿Qué valores fundamentales he aprendido o reafirmado a lo largo de mi historia personal?

3. ¿Cuáles han sido mis mayores desafíos y cómo he crecido a partir de ellos?

4. ¿Qué experiencias han sido las más gratificantes y por qué?

5. ¿Cuáles son mis aspiraciones más profundas y cómo se alinean con mi historia personal?

6. ¿Qué patrones o temas recurrentes puedo identificar en mi vida que me han llevado a momentos de claridad?

7. ¿Qué decisiones o cambios he tomado durante estos momentos de claridad y cómo han impactado mi camino?

8. ¿Cómo puedo aplicar las lecciones aprendidas de mis momentos de claridad en situaciones futuras?

9. ¿Qué aspectos de mi vida necesitan ajustes o mejoras para alinearse mejor con mis valores y metas?

10. ¿Qué nuevas perspectivas o entendimientos he ganado durante mis momentos de claridad que puedo compartir o aplicar para mi crecimiento personal?

Estas preguntas te ayudarán a reflexionar sobre tu historia personal de una manera más profunda y significativa, permitiéndote extraer lecciones valiosas y aplicarlas para avanzar hacia una vida más alineada con tus valores y aspiraciones.

# Frases celebres

*"La claridad es la hermana gemela de la verdad."*
J.R. Lowell.

*"La claridad es la cortesía del filósofo."*
Luc de Clapiers.

*"La claridad es la forma de la cortesía."*
Marquesa de Sévigné.

*"La claridad es la reina de la elegancia."*
Coco Chanel.

*"La claridad es la gracia de la expresión."*
François de La Rochefoucauld.

*."La claridad no es sólo uno de los méritos de un estilo, sino que es también, uno de sus fines."*
Anatole France.

*"La claridad es la humildad del intelecto."*
Bryant H. McGill.

*"La claridad es la clave de la persuasión."*
Richard Perle.

*"La claridad es poder."*
Patti Smith.

*"La claridad en la comprensión nos lleva a la acción."*
- Thomas Leonard.

## Dinámica de Grupo

Una dinámica de grupo puede ser una excelente manera de explorar y enfocar la claridad dentro de un equipo o grupo. Aquí te presento una dinámica que podría ayudar a facilitar este proceso:

## "Claridad en Acción"

### Objetivo:
Facilitar la reflexión y el enfoque en las creencias y valores compartidos dentro del grupo, promoviendo la claridad y el alineamiento hacia metas comunes.

### Materiales necesarios:
Papel, marcadores, tarjetas o notas adhesivas.

## Instrucciones:

### 1. Definición de Creencias Centrales:
Comienza la dinámica explicando la importancia de tener creencias claras y cómo estas pueden impactar en el desempeño y la cohesión del grupo.

### 2. Reflexión Individual:
Pide a cada miembro del grupo que reflexione individualmente sobre sus valores personales y creencias fundamentales. Puedes proporcionar algunas preguntas orientadoras, como las mencionadas anteriormente en las respuestas.

### 3. Identificación de Creencias Compartidas:
Forma subgrupos dentro del equipo (idealmente de 3-5 personas por grupo). Cada subgrupo deberá discutir e identificar las creencias centrales que consideran más importantes y compartidas dentro del equipo.

### 4. Presentación y Discusión:
Después de la discusión en subgrupos, invita a cada grupo a compartir las creencias que identificaron como más significativas. Anímalos a explicar por qué consideran que estas creencias son clave para el éxito del equipo.

### 5. Creación de Carteles o Murales:
Proporciona materiales de escritura y carteles grandes. Pide a los subgrupos que elaboren carteles o murales que representen visualmente las creencias centrales identificadas. Pueden incluir palabras clave, símbolos o imágenes que reflejen estas creencias.

### 6. Compartir y Reflexionar:
Una vez que todos los grupos hayan completado sus carteles, permite que cada subgrupo presente su trabajo al resto del equipo. Después de cada presentación, facilita una discusión abierta sobre las creencias compartidas y cómo pueden influir en el trabajo conjunto del grupo.

### 7. Compromiso y Acción:
Concluye la dinámica enfatizando la importancia de mantener y aplicar estas creencias en las interacciones diarias y proyectos futuros del equipo. Anima a todos a comprometerse con estas creencias

compartidas y a utilizarlas como guía para una mayor claridad y éxito colectivo.

Esta dinámica no solo fomentará la claridad en las creencias del grupo, sino que también fortalecerá la cohesión y el sentido de propósito compartido entre los miembros del equipo.

# La danza de la persistencia de Marcos.

*"En la búsqueda de tus metas,
la persistencia es el combustible que
transforma los tropiezos en escalones
hacia el éxito."*

## La danza de la persistencia de Marcos.

En el corazón vibrante de Barcelona, donde la vida baila al ritmo de las olas mediterráneas, vivía un joven llamado Marcos. Un alma inquieta, rebosante de sueños y anhelos, Marcos albergaba en su interior un deseo ardiente: dominar el arte de las habilidades sociales.

Las interacciones humanas, con su complejidad y sutileza, fascinaban a Marcos. Ansiaba tejer conexiones profundas, comprender los hilos invisibles que unen a los corazones, y navegar con fluidez en el mar de las emociones humanas. Sin embargo, la timidez y la inseguridad lo atenazaban, impidiéndole desplegar sus alas y volar hacia sus anhelos.

Inspirado por las enseñanzas de un maestro, Marcos decidió embarcarse en una travesía de autodescubrimiento y transformación.

Con la ayuda de la Persistencia y Perseverancia como brújula, se propuso convertir la autodisciplina en una danza armoniosa y no en un sacrificio penoso.

**El primer paso:**
Marcos comenzó por observar a los maestros de la interacción social. Analizaba sus gestos, sus palabras, la forma en que se relacionaban con los demás. Anotaba cada detalle en un cuaderno, como un aprendiz ávido de conocimiento.

## La práctica diligente:

Consciente de que la clave del éxito reside en la acción, Marcos dedicaba cada día a practicar lo aprendido. Conversaba con los vendedores del mercado, se unía a grupos de conversación, asistía a eventos sociales. Al principio, cada interacción era un desafío, un campo de batalla donde combatía contra sus miedos.

El ruido de su mente interna con sus preocupaciones, miedos e inseguridades; la timidez que reconocía y que a veces le frenaba; el miedo a la crítica y a ser juzgado parecían una espada sobre su cuello; la propia inseguridad de alguien que iniciaba un camino sin el peso del conocimiento y de la experiencia y, sobre todo, la impaciencia que le hacía estar más pendiente del resultado que de disfrutar lo que hacía. Pero él sabía que la acción era fundamental y en ella se metía a pesar de sus ruidos internos.

Tener las ideas y metas claras le hicieron marcarse una autodisciplina donde cada día tenía que ir construyendo, sí o sí, toda una experiencia que poco a poco se hacía tan fácil y cómoda como respirar.

## Los pequeños triunfos:
Sin embargo, Marcos no se desanimaba. Cada sonrisa conquistada, cada conversación fluida, cada nuevo amigo hecho era un pequeño triunfo que alimentaba su determinación.

Empezaba a sentir cómo la timidez se diluía, reemplazada por una creciente confianza en sí mismo.

**La automatización de la excelencia:**
Poco a poco, los hábitos se fueron automatizando. La incomodidad inicial dio paso a la naturalidad. Marcos ya no necesitaba esforzarse tanto para conectar con los demás; la fluidez de la interacción brotaba de forma espontánea.

**Los frutos del éxito:**
Los resultados no tardaron en llegar. Marcos comenzó a destacar en su trabajo por su capacidad para relacionarse con los clientes. Su vida social se enriqueció con amistades profundas y significativas.

La timidez que antes lo limitaba ahora se había convertido en una fortaleza que le abría las puertas a un mundo de posibilidades.

**La danza continúa:**
La historia de Marcos es un recordatorio de que la persistencia no es un acto de sufrimiento, sino una danza armoniosa con nuestros sueños. Es la elección consciente de convertir la disciplina en un aliado, no en un tirano. Es la convicción de que los hábitos exitosos conducen a resultados exitosos.

Al igual que Marcos, todos tenemos el potencial de dominar cualquier habilidad que nos propongamos. Solo hace falta una pizca de pasión, una dosis de disciplina y una gran dosis de persistencia para convertir nuestros sueños en una hermosa realidad.

## Recuerda:

Cuando tienes creencias claras alineadas con valores y principios definidos, la persistencia se vuelve natural.

La clave está en mantener una determinación reflexiva y no ciega.

La vida está llena de desafíos desde el nacimiento hasta la superación de diversas etapas como aprender a andar, hablar, separarse de la madre, tejer relaciones y continuar aprendiendo.

Aunque los desafíos pueden ser tentadores para rendirse, creer en la capacidad de perseverar y buscar soluciones creativas y reflexivas te permite convertir obstáculos en oportunidades y realizar un desarrollo personal constante.

## Explorando la Persistencia

Explorar la persistencia en una persona puede revelar mucho sobre su carácter y su capacidad para enfrentar desafíos. Aquí tienes algunas preguntas que podrían ayudar a explorar este tema:

1. ¿Puedes contarme sobre un momento desafiante en tu vida en el que tu persistencia fue fundamental para superarlo?

2. ¿Cómo defines la persistencia en tu propia vida?

3. ¿Qué estrategias utilizas para mantenerte motivado/a cuando enfrentas obstáculos o contratiempos?

4. ¿Cómo manejas la procrastinación y qué te impulsa a mantener el enfoque en tus metas a largo plazo?

5. ¿Puedes compartir un ejemplo en el que hayas tenido que perseverar a pesar de las dificultades para alcanzar un objetivo?

6. ¿Qué papel juegan tus valores y creencias en tu capacidad para persistir en situaciones difíciles?

7. ¿Cómo te recuperas después de un fracaso o una decepción para seguir adelante con determinación?

8. ¿Qué recursos o apoyos utilizas para fortalecer tu persistencia y resistencia en momentos difíciles?

9. ¿Cómo sabes cuándo es el momento de persistir en un objetivo y cuándo es necesario ajustar tus metas o estrategias?

10. ¿Qué consejo darías a alguien que lucha por mantenerse persistente y motivado/a frente a desafíos significativos?

Estas preguntas pueden ayudarte a profundizar en la actitud de una persona hacia la persistencia y entender mejor cómo enfrenta los desafíos en su vida diaria.

## Explorando la Persistencia en mi vida

Explorar la persistencia a lo largo de tu vida puede proporcionar valiosas lecciones y perspectivas sobre tu capacidad para enfrentar desafíos y alcanzar tus metas. Aquí tienes algunas preguntas que podrían ayudarte a reflexionar y sacar provecho de tu experiencia:

1. ¿Cuáles han sido algunos de los mayores desafíos que has enfrentado en diferentes etapas de tu vida, y cómo has demostrado persistencia para superarlos?

2. ¿Puedes identificar un logro significativo en tu vida que haya requerido un esfuerzo persistente y continuo? ¿Cómo te sentiste al alcanzar este logro?

3. ¿Qué valores o creencias personales te han ayudado a mantener la determinación y la persistencia a lo largo de los años?

4. ¿Cómo defines la persistencia en tu vida y cómo ha evolucionado esta cualidad a medida que has madurado?

5. ¿Has experimentado momentos en los que la persistencia te ha llevado a superar obstáculos aparentemente insuperables? ¿Qué aprendiste de esas experiencias?

6. ¿Qué estrategias utilizas para mantener la motivación y la perseverancia cuando te enfrentas a desafíos prolongados o difíciles?

7. ¿Cómo manejas la frustración y la incertidumbre cuando las cosas no salen según lo planeado? ¿Qué te impulsa a seguir adelante?

8. ¿Existe alguna situación en la que hayas reconsiderado tu nivel de persistencia y decidido cambiar de dirección o ajustar tus metas?

9. ¿Cuál ha sido el impacto más significativo que la persistencia ha tenido en tu vida, ya sea en términos de logros personales, relaciones o desarrollo personal?

10. ¿Qué consejo te darías a ti mismo/a en el pasado sobre la importancia de la persistencia y cómo aplicarla de manera efectiva en la vida diaria?

Estas preguntas están diseñadas para ayudarte a reflexionar sobre tu trayectoria y sacar provecho de tus experiencias pasadas para fortalecer tu capacidad de persistencia en el futuro.

La persistencia es una cualidad clave para lograr el éxito y el bienestar a largo plazo, y explorar tu relación con esta cualidad puede proporcionar valiosas lecciones y perspectivas para tu desarrollo personal.

# Frases Celebres

*"La persistencia es el camino del éxito."*
Charles Chaplin.

*"La determinación y la persistencia son omnipotentes."*
Calvin Coolidge.

*"La clave del éxito es la perseverancia en el propósito."*
Benjamin Disraeli.

*"La persistencia puede cambiar un fracaso en un logro extraordinario."*
Matt Biondi.

*"La persistencia es la habilidad de mantener una visión clara a pesar de los obstáculos."*
Denis Waitley.

*"La perseverancia no es una carrera larga; es muchos pequeños pasos uno detrás del otro."*
Walter Elliot.

*"No es que soy tan listo, es que simplemente me quedo con los problemas más tiempo."*
Albert Einstein.

*"La persistencia es el combustible para el éxito."*
Anónimo.

*"Nunca retrocedas, nunca te rindas, nunca te des por vencido."*
Anónimo.

*"La clave de la victoria está en seguir intentándolo."*
Proverbio japonés.

## Dinámica de Grupo

Una dinámica de grupo sobre la persistencia puede ser una excelente manera de explorar este tema y fomentar la reflexión y el aprendizaje compartido entre los participantes. Aquí te propongo una dinámica interactiva que puedes utilizar:

## "El Desafío de la Persistencia"

### Objetivo de la Dinámica:
Explorar la importancia de la persistencia en la consecución de metas y superación de obstáculos.

### Materiales Necesarios:
- Hojas de papel y bolígrafos para todos los participantes.
- Una lista de preguntas guía (ver más abajo).
- Espacio adecuado para realizar actividades grupales.

## Instrucciones:

### 1. Introducción (15 minutos):
  - Comienza explicando el concepto de persistencia y su importancia en la vida personal y profesional.
  - Anima a los participantes a compartir breves experiencias personales relacionadas con desafíos y cómo la persistencia les ayudó a superarlos.

### 2. Actividad Principal - Sesión de Preguntas (30 minutos):

- Divide a los participantes en grupos pequeños de 4 a 6 personas.

- Entrega hojas de papel y bolígrafos a cada grupo.

- Proporciona una lista de preguntas guía para que los grupos discutan y respondan juntos. Algunas preguntas sugeridas podrían ser:

¿Qué significa la persistencia para ti?

¿Cuál ha sido tu mayor desafío personal o profesional hasta ahora?

¿Cómo has utilizado la persistencia para superar obstáculos en tu vida?

¿Cuáles son algunos ejemplos de figuras históricas o contemporáneas que hayan demostrado gran persistencia?

¿Qué estrategias o técnicas utilizas para mantener la motivación y la persistencia a largo plazo?

¿Cómo se puede fomentar la persistencia en un equipo o en un entorno laboral?

**3. Presentación y Discusión (30 minutos):**
- Invita a cada grupo a compartir brevemente sus respuestas y conclusiones con el resto de los participantes.

- Fomenta la discusión abierta y el intercambio de ideas sobre la persistencia y su impacto en la vida diaria.

- Anima a los participantes a hacer preguntas y comentar sobre las experiencias compartidas por otros grupos.

### 4. Reflexión Final (10 minutos):
- Cierra la dinámica con una reflexión final.

- Pregunta a los participantes qué aprendieron sobre la persistencia y cómo pueden aplicar estos conocimientos en sus propias vidas.

- Anima a cada persona a establecer un objetivo personal que requiera persistencia y determinación.

### Conclusión:

Esta dinámica no solo permite a los participantes explorar el tema de la persistencia desde diferentes perspectivas, sino que también fomenta el trabajo en equipo, la comunicación efectiva y el intercambio de experiencias significativas. Espero que esta actividad sea útil para tu grupo y les ayude a valorar la importancia de mantenerse persistentes frente a los desafíos de la vida.

# El viaje de Sofía hacia la expansión de sus creencias.

*"Crecer es atreverse a desplegar las alas y volar hacia lo desconocido."*

## El viaje de Sofía hacia la expansión de sus creencias.

En el corazón de la bulliciosa ciudad de Madrid, donde los sueños se entrelazaban con el asfalto y las ambiciones escalaban rascacielos, vivía Sofía, una mujer talentosa y apasionada, pero con un profundo anhelo de trascender.

Sofía, una arquitecta de renombre en el estudio López & Asociados, se encontraba atrapada en la monotonía de su rutina. Sus días transcurrían entre planos, reuniones y plazos ajustados, sintiendo una punzada de insatisfacción que la atormentaba como una espina clavada en el alma.

A pesar de su éxito profesional, Sofía sentía que su vida se había estancado, como una flor que brota en la oscuridad, buscando ansiosamente la luz. Su pasión por la arquitectura se había diluido entre las exigencias del trabajo y la falta de tiempo para proyectos personales.

Un día, mientras paseaba por el Retiro, un oasis verde en medio del cemento citadino, sus ojos se posaron en un libro titulado "El Poder de las Creencias". La curiosidad la invadió y, sin pensarlo dos veces, lo compró.

Al sumergirse en las páginas del libro, Sofía sintió una conexión profunda con las palabras del autor. Sus ideas resonaron en su interior como un canto a la libertad: "Expandir tus creencias constructivas, resilientes, claras y positivas expande tu realidad."

En ese instante, una chispa de esperanza se encendió en el corazón de Sofía. Comprendió que sus creencias limitantes, como raíces que la ataban a la tierra, impedían su crecimiento personal y profesional.

Decidida a liberarse de las cadenas invisibles que la aprisionaban, Sofía se embarcó en un viaje de autodescubrimiento, un diálogo consigo misma que la desafiaría a cuestionar cada pensamiento que la limitaba.

Las primeras semanas fueron difíciles. Sofía se enfrentó a un torbellino de emociones: miedo al cambio, incertidumbre sobre el futuro y dudas sobre su propia capacidad. Se sentía como una frágil flor luchando por abrirse paso entre las malezas de su mente.

Sin embargo, Sofía no se rindió. Con perseverancia y determinación, comenzó a reemplazar sus creencias limitantes por otras más empoderadoras. En lugar de pensar "No soy lo suficientemente buena", se repetía "Tengo el potencial para lograr grandes cosas".

A medida que sus creencias se expandían, también lo hacía su realidad. Nuevas oportunidades surgieron en su camino, permitiéndole desarrollar habilidades que jamás imaginó tener. Se inscribió en un taller de pintura, asistió a una conferencia sobre arquitectura sostenible y se unió a un grupo de voluntarios para revitalizar un parque abandonado.

En el trabajo, Sofía comenzó a proponer ideas innovadoras que sorprendieron gratamente a sus jefes y compañeros. Su pasión por la arquitectura se reavivó, permitiéndole imprimir su sello personal en cada proyecto.

Los cambios en la vida de Sofía no se limitaron al ámbito profesional. Sus relaciones personales también se fortalecieron. Su familia y amigos la notaban más feliz, más segura de sí misma y más conectada con sus emociones.

La transformación de Sofía no fue un evento repentino, sino un proceso gradual de pequeños pasos y cambios. Cada día era una nueva aventura, una oportunidad para descubrirse a sí misma y superar sus propios límites.

Al observar su propia transformación, Sofía se formuló preguntas que invitaban a la reflexión: ¿Qué creencias limitantes me están impidiendo alcanzar mi máximo potencial? ¿Qué pasos puedo tomar para expandir mi realidad y vivir una vida más plena y significativa?

Las respuestas a estas preguntas no fueron fáciles, pero Sofía estaba decidida a encontrarlas. Su viaje de autodescubrimiento había apenas comenzado, y sabía que cada paso la acercaba a la flor que siempre soñó ser: radiante, fuerte y completamente abierta a la luz.

## Recuerda:

Nuestras creencias constructivas y positivas tienen el poder de expandir nuestra realidad.

Cuando creemos en nuestra capacidad para crecer, aprender, cuestionarnos y evolucionar, abrimos nuevas oportunidades y experiencias en nuestra vida.

Al adoptar estas creencias de expansión, dejamos atrás creencias limitantes basadas en la escasez y el conformismo.

Al darnos el permiso de explorar nuevos caminos y desarrollar habilidades, desafiamos nuestras creencias autoimpuestas y descubrimos un mundo de posibilidades lleno de gratificación, satisfacción, amor, compasión y paz.

La vida misma busca la expansión, como lo demuestra el crecimiento de una flor o un ser vivo.

## Explorando nuestra expansión

Para determinar si te estás expandiendo personalmente, puedes considerar hacer preguntas que te ayuden a reflexionar sobre tu crecimiento y desarrollo. Aquí tienes algunas preguntas que podrían ser útiles:

1. ¿Estoy dispuesto(a) a salir de mi zona de confort y enfrentar nuevos desafíos?

2. ¿He adquirido nuevas habilidades o conocimientos recientemente?

3. ¿Estoy abierto(a) a recibir y aprender de nuevas experiencias y perspectivas?

4. ¿He establecido metas claras y estoy trabajando activamente hacia su logro?

5. ¿Cómo manejo los fracasos o contratiempos? ¿He aprendido de ellos y me he adaptado?

6. ¿Estoy cultivando relaciones significativas y positivas en mi vida?

7. ¿Me siento más seguro(a) y confiado(a) en mí mismo(a) en comparación con hace unos meses o años?

8. ¿Estoy dedicando tiempo regularmente al autocuidado y a mi bienestar emocional y físico?

9. ¿Estoy aprovechando oportunidades para expresar mi creatividad?

10. ¿Siento que estoy contribuyendo de manera significativa al mundo que me rodea?

Estas preguntas te pueden ayudar a evaluar si estás experimentando un crecimiento personal y expandiéndote en diferentes áreas de tu vida.

Observa cómo respondes a cada una y si identificas áreas en las que podrías enfocarte más para seguir expandiéndote y alcanzando tu máximo potencial.

## Explorando momentos de expansión en mi vida

Reconocer momentos de expansión en tu vida y cómo te beneficiaron puede ser una experiencia reveladora y enriquecedora. Aquí tienes algunas preguntas que te ayudarán a reflexionar sobre estos momentos y sus impactos positivos:

1. ¿Recuerdo algún momento reciente en el que me sentí desafiado(a) pero decidí enfrentarlo y superarlo?

2. ¿Hubo alguna situación en la que me aventuré fuera de mi zona de confort y experimenté algo nuevo?

3. ¿He aprendido una habilidad valiosa o adquirido conocimientos significativos en los últimos meses o años?

4. ¿Cómo han cambiado mis perspectivas o creencias sobre mí mismo(a) y el mundo debido a ciertas experiencias de crecimiento?

5. ¿He establecido y alcanzado metas personales o profesionales que en el pasado parecían fuera de mi alcance?

6. ¿He cultivado nuevas relaciones o fortalecido conexiones existentes que han enriquecido mi vida?

7. ¿Cómo me he sentido emocionalmente y mentalmente después de atravesar períodos de desafío y crecimiento?

8. ¿Qué habilidades o fortalezas personales he descubierto o desarrollado durante estos momentos de expansión?

9. ¿En qué aspectos de mi vida he experimentado un aumento en la confianza y la autoestima como resultado de superar obstáculos o lograr metas?

10. ¿Cómo han influido estos momentos de expansión en mi bienestar general y en mi percepción del propósito y significado de mi vida?

Reflexionar sobre estas preguntas te permitirá identificar claramente los momentos en los que te has expandido y cómo te han beneficiado.

Puedes notar un aumento en tu autoconfianza, una mayor capacidad para enfrentar desafíos, una mentalidad más abierta hacia nuevas experiencias y oportunidades, así como un crecimiento personal significativo en diversas áreas de tu vida.

# Frases celebres

"La única manera de hacer un gran trabajo es amar lo que haces. Si aún no lo has encontrado, sigue buscando. No te conformes."
Steve Jobs.

"No tengas miedo de cambiar. Tienes que perder algo para ganar algo más."
Johnny Depp.

"El crecimiento y el cambio pueden ser dolorosos, pero nada es tan doloroso como quedarte atascado en un lugar que no perteneces."
Mandy Hale.

"Cuando dejamos de crecer, empezamos a morir."
Pearl S. Buck.

"El éxito no es la clave para la felicidad. La felicidad es la clave para el éxito. Si amas lo que haces, tendrás éxito."
Albert Schweitzer.

"El hombre que tiene confianza en sí mismo adquiere la confianza de los demás."
Hasidic Proverb.

"La vida comienza al final de tu zona de confort."
Neale Donald Walsch.

*"No hay límites para el crecimiento porque no hay límites para la inteligencia, la imaginación y la maravilla humana."*
Ronald Reagan.

*"La mente que se abre a una nueva idea jamás volverá a su tamaño original."*
Albert Einstein.

*"El mayor peligro para la mayoría de nosotros no es que nuestro objetivo sea demasiado alto y no lo alcancemos, sino que sea demasiado bajo y lo consigamos."*
Michelangelo Buonarroti.

## Dinámica de grupo

Una dinámica de grupo efectiva para trabajar el concepto de expansión personal y desarrollo puede ser emocionante y enriquecedora. Aquí te propongo una actividad que puedes realizar con un grupo para fomentar la reflexión y el crecimiento:

## "El Viaje de la Expansión"

### Objetivo:
Fomentar la reflexión sobre el crecimiento personal y la expansión de las capacidades individuales dentro del grupo.

### Materiales necesarios:
Hojas de papel y bolígrafos para cada participante.
Marcadores, pizarrón o espacio visible para escribir.

## Pasos de la actividad:

### 1. Introducción:
Comienza explicando el concepto de expansión personal y cómo se relaciona con el crecimiento individual en diferentes áreas de la vida.

### 2. Preguntas Iniciales:
Haz preguntas abiertas al grupo para estimular la reflexión, por ejemplo:
¿Qué significa para ti expandirte como persona?
¿En qué áreas de tu vida te gustaría experimentar más crecimiento?

¿Qué obstáculos crees que te impiden expandirte plenamente?

### 3. Ejercicio de Visualización:
Pide a los participantes que cierren los ojos y visualicen un viaje simbólico de expansión personal.

Anímalos a imaginar un camino que representa su propio crecimiento y desarrollo.

Haz preguntas guía, como: ¿Qué encuentras en tu camino de expansión? ¿Qué recursos necesitas para avanzar?

### 4. Escritura Individual:
Entrega hojas de papel y bolígrafos a cada participante.

Pídeles que escriban sus pensamientos, metas o sueños relacionados con su propio viaje de expansión.

Anímalos a expresar cómo se visualizan a sí mismos alcanzando nuevas alturas y superando límites.

### 5. Compartir en Grupo:
Invita a los participantes a compartir voluntariamente sus reflexiones.

Fomenta un ambiente de apoyo y escucha activa entre los miembros del grupo.

Anima a hacer preguntas y ofrecer comentarios constructivos.

## 6. Creación de un Tablero de Inspiración:

En un espacio visible (pizarra, pared, tablero), crea un "Tablero de Inspiración".

Pide a cada participante que comparta una palabra o frase clave que represente su viaje de expansión.

Escribe estas palabras o frases en el tablero para crear una imagen visual del crecimiento colectivo del grupo.

## 7. Reflexión Final:

Concluye la actividad con una reflexión grupal sobre lo aprendido.

Anima a los participantes a comprometerse con acciones concretas para seguir expandiéndose en sus vidas diarias.

Esta dinámica de grupo permite a los participantes explorar sus propias aspiraciones de crecimiento personal mientras se conectan con otros en un ambiente de apoyo. Es una oportunidad para inspirarse mutuamente y establecer metas alcanzables para continuar expandiéndose en el futuro.

## De Víctima a Creador.

*"Ser responsable es reconocer el poder de nuestras elecciones y actuar con integridad en cada decisión."*

**LA JAULA DE LA MENTE** / FERNANDO DE CABO LANDIN

## De Víctima a Creador.
## La Historias de Tomás y su Búsqueda de la Libertad.

En el corazón de un pequeño pueblo llamado Aldea del Viento, envuelto en la bruma matutina, vivía un hombre llamado Tomás. Tomás era un alma atormentada, prisionero de un ciclo interminable de autocompasión y resentimiento. Las creencias limitantes habían tejido una telaraña invisible en su mente, cegándolo a la luz de su propio potencial.

Tomás, heredero de una antigua tienda de antigüedades llamada "El Baúl del Tiempo", se encontraba sumido en la rutina y la desilusión. Sus sueños de juventud, de convertirse en un reconocido escritor, se habían marchitado como flores en la sequía, dejando un sabor amargo en su alma. Culpaba al destino, a la falta de oportunidades y a la crueldad del mundo por su infelicidad. Se veía a sí mismo como una víctima de las circunstancias, incapaz de tomar las riendas de su propia vida.

Un día, mientras vagaba sin rumbo por las calles empedradas, Tomás se topó con una pequeña librería, su escaparate adornado con libros antiguos y polvorientos. Un impulso inexplicable lo empujó hacia adentro, como si una fuerza invisible lo guiara hacia su destino.

Al entrar, Tomás se vio envuelto en el aroma a papel viejo y cuero desgastado. La luz tenue de la librería apenas iluminaba las estanterías repletas de libros, creando una atmósfera de misterio y sabiduría. En un rincón, sentado junto a una chimenea humeante, un anciano de mirada profunda y barba plateada observaba con atención a Tomás.

"Bienvenido, Tomás", dijo el anciano con una voz suave y serena. "Te estaba esperando."
Tomás se sintió intrigado por la aura de sabiduría que rodeaba al anciano. Se sentó frente a él, sin saber qué lo había llevado a ese lugar ni por qué se sentía tan cómodo en su presencia.

"Dime, Tomás", comenzó el anciano, "¿qué te trae por aquí?"

Tomás dudó por un momento, buscando las palabras adecuadas para expresar la oscuridad que habitaba en su corazón. Finalmente, soltó un torrente de palabras cargadas de autocompasión y resentimiento. Habló de sus sueños rotos, de las injusticias que había sufrido y de la impotencia que lo consumía.

El anciano lo escuchó en silencio, sin interrumpir. Cuando Tomás terminó, suspiró profundamente y dijo:

"Tomás, dentro de ti hay un poder inmenso, un fuego dormido que espera ser despertado. Ese poder se llama carbono."

Tomás lo miró confundido. "¿Carbono?", preguntó. "¿De qué habla, señor?"

El anciano sonrió con sabiduría. "El carbono es la base de la vida, el elemento que da forma a las estrellas y a los planetas. Es la esencia del cambio y la transformación. Y también reside dentro de ti."

Tomás, incrédulo, negó con la cabeza. "Yo no tengo ningún poder, señor. Soy solo un hombre común y corriente, víctima de la vida."

El anciano lo miró con compasión. "Las creencias que albergas son como cadenas que te atan al pasado. Para liberar tu poder, debes cuestionarlas, desafiarlas."

Y así comenzó un viaje de transformación.

Elías, el anciano librero, se convirtió en el guía de Tomás en este camino de autodescubrimiento. A través de preguntas poderosas y conversaciones profundas, Elías ayudó a Tomás a desmantelar las creencias limitantes que lo habían aprisionado durante tanto tiempo.

Le preguntó:

• "¿Quién eres realmente, Tomás, más allá de las etiquetas que te has impuesto?"

• "¿Qué poder tienes sobre tus pensamientos y emociones?"

• "¿Qué elecciones puedes hacer para cambiar tu realidad?"

Las preguntas de Elías resonaron en el alma de Tomás, despertando una chispa de esperanza.

Comenzó a ver que no era una víctima, sino un creador de su propia realidad. Poco a poco, el carbono adormecido dentro de él comenzó a despertar.

Tomás tomó las riendas de su vida. Empezó a elegir pensamientos positivos, a responsabilizarse de sus acciones y a tomar decisiones que lo acercaban a sus sueños. La bruma de la autocompasión se disipó, dando paso a la luz del empoderamiento.

Un día, Tomás regresó a la librería para agradecer a Elías por su guía. El anciano le sonrió y le dijo:

"El poder siempre estuvo dentro de ti, Tomás. Solo necesitabas despertarlo."

Tomás, transformado, abandonó la librería con el corazón rebosante de gratitud y la certeza de que nunca más sería prisionero de sus propias creencias. Había descubierto el poder de la responsabilidad.

### Recuerda:

La ley de la responsabilidad establece que eres responsable de tus creencias y de las consecuencias que estas generan, tanto para ti como para los demás.

Si decides adoptar creencias que te empoderen y te permitan crecer en conocimiento, habilidades y en tu calidad personal y profesional, tu vida mejorará.

Cuando asumes la responsabilidad sobre tus creencias, reconoces que tienes el poder de elegir y moldear tus convicciones.

Las creencias son el producto de tus decisiones. Puedes elegir dejar atrás creencias limitantes, como la de ser una víctima o la de creer que otros no están a tu altura.

Al tomar responsabilidad sobre tus creencias, te liberas de juegos psicológicos y roles como el de víctima, salvador o perseguidor.

La responsabilidad te posiciona como un adulto maduro que está dispuesto a ayudar cuando sea necesario, manteniendo la conciencia de sus capacidades y límites.

Ser responsable de tus creencias implica reconocer que tus acciones y comportamientos están influenciados por ellas.

Al asumir esta responsabilidad, te comprometes a actuar de manera coherente y a ser consciente de las consecuencias de tus actos. Esto te lleva a ser una persona más digna, decente y confiable.

## Explorando mi responsabilidad

Para evaluar tu nivel de responsabilidad, puedes hacer preguntas que te ayuden a reflexionar sobre tus creencias y comportamientos. Aquí te dejo algunas preguntas que podrían ser útiles:

1. ¿Suelo asumir la responsabilidad de mis acciones y decisiones, o tiendo a culpar a otros o a las circunstancias externas?

2. ¿Cómo manejo mis compromisos y obligaciones? ¿Soy constante y confiable en mis responsabilidades?

3. ¿Qué tipo de creencias guían mis acciones diarias? ¿Son creencias que me empoderan y me ayudan a crecer, o son limitantes y me mantienen estancado/a?

4. ¿Estoy dispuesto/a a admitir mis errores y aprender de ellos, o prefiero negarlos o buscar excusas?

5. ¿Cómo reacciono cuando enfrento dificultades o desafíos? ¿Busco soluciones y tomo acción, o me siento derrotado/a y evito responsabilizarme?

6. ¿Soy consciente del impacto que tienen mis decisiones en mi vida y en la de los demás?

7. ¿Cómo gestiono mi tiempo y recursos? ¿Lo hago de manera eficiente y responsable?

8. ¿Soy capaz de establecer límites y decir no cuando es necesario, asumiendo la responsabilidad de cuidar de mi bienestar?

9. ¿Cómo me relaciono con mis compromisos financieros y personales? ¿Los manejo de manera responsable y ética?

10. ¿Estoy comprometido/a con mi desarrollo personal y profesional, tomando medidas activas para mejorar y crecer?

Responder honestamente estas preguntas te permitirá evaluar tu nivel de responsabilidad e identificar áreas en las que puedas mejorar para llevar una vida más consciente y significativa.

## Explorando mi responsabilidad en mi historia

Reflexionar sobre los momentos en los que has sido responsable en tu vida puede ser muy enriquecedor y ayudarte a identificar áreas de crecimiento y fortaleza personal. Aquí tienes algunas preguntas que te guiarán a explorar esos momentos y aprender de ellos:

1. ¿Recuerdas algún momento específico en el que asumiste la responsabilidad de tus acciones y decisiones, incluso cuando era difícil hacerlo?

2. ¿Cómo te sentiste después de tomar responsabilidad en esa situación? ¿Hubo alguna recompensa o satisfacción personal?

3. ¿Cuál fue el impacto positivo de tu responsabilidad en esa situación, tanto para ti como para los demás involucrados?

4. ¿Qué habilidades o cualidades personales demostraste al ser responsable en ese momento? (por ejemplo, integridad, determinación, empatía, etc.)

5. ¿Aprendiste alguna lección importante de esa experiencia que te haya ayudado a crecer como persona?

6. ¿Cómo podrías aplicar esa experiencia de responsabilidad en otras áreas de tu vida?

7. ¿Qué obstáculos enfrentaste al tomar esa responsabilidad y cómo los superaste?

8. ¿Te has dado cuenta de patrones o comportamientos positivos que puedas replicar en futuras situaciones?

9. ¿Cómo ha influido ese momento de responsabilidad en tu confianza y autoestima?

10. ¿Qué cambios o mejoras te gustaría hacer en tu vida basándote en esa experiencia de responsabilidad?

Reflexionar sobre estos momentos te permitirá reconocer tus fortalezas y capacidades, así como identificar áreas donde puedes seguir creciendo y desarrollándote como persona responsable y consciente.

## Frases celebres

*"La responsabilidad personal es la clave de tu éxito. Acepta la responsabilidad de hacer tus sueños realidad."*
Les Brown.

*"Con libertad, libros, flores y la luna, ¿quién no puede ser feliz?"*
Oscar Wilde.

# El Camino de la Empatía.

*La empatía es el puente invisible que conecta corazones, trascendiendo diferencias y abriendo caminos hacia la comprensión mutua.*

## El Camino de la Empatía.

En las profundidades de un bosque frondoso, donde la luz del sol se filtraba a través de las copas de los árboles centenarios, habitaba un hombre llamado Tomás. Su figura, encorvada por el peso de la soledad, recorría los senderos con la mirada perdida en el suelo, como si buscara algo que ya no existía. Su corazón, otrora rebosante de vida y alegría, se había convertido en una muralla impenetrable, fruto de las cicatrices que la vida le había infligido.

Asediado por una profunda tristeza y un vacío insondable, Tomás emprendió un viaje en busca de sentido. Su alma anhelaba escapar de las garras de la soledad y encontrar el camino hacia la felicidad, una felicidad que había extraviado hace mucho tiempo. Siguiendo rumores susurrados por el viento, llegó a oídos de Tomás la existencia del legendario Maestro Empático, una figura enigmática conocida por su sabiduría y capacidad para guiar a las almas perdidas.

Con un destello de esperanza en sus ojos cansados, Tomás se adentró en el corazón del bosque, siguiendo un sendero que parecía no tener fin. Cada paso lo acercaba a su destino, pero también lo alejaba de su zona de confort, obligándolo a confrontar sus propios demonios internos.

Tras días de ardua travesía, Tomás finalmente encontró la humilde morada del Maestro Empático. Un aura de paz y serenidad emanaba de la pequeña cabaña, invitándolo a entrar y dejar atrás las tormentas que azotaban su alma.

Con voz temblorosa y un nudo en la garganta, Tomás se dirigió al Maestro: "Maestro, mi corazón está vacío y mi alma sedienta de conexión. Busco la paz interior, pero la soledad me consume. ¿Puede usted ayudarme a encontrar el camino hacia la felicidad?".

El Maestro Empático, con una mirada profunda y serena, lo observó en silencio por un instante. En sus ojos, Tomás pudo vislumbrar una comprensión y compasión que jamás había experimentado antes. "La empatía, Tomás, es la llave que abre las puertas de la conexión y la felicidad", respondió el Maestro con voz pausada y cálida. "Es la brújula que nos guía hacia la comprensión del corazón humano. Sin ella, navegamos por la vida como náufragos en un mar de incomprensión".

Las palabras del Maestro resonaron en el alma de Tomás, despertando en él una chispa de esperanza que había estado a punto de extinguirse. "Pero Maestro", murmuró Tomás, con la voz cargada de dudas, "¿cómo puedo desarrollar la empatía si mi corazón está endurecido? ¿Cómo puedo sentir lo que sienten los demás si yo mismo no puedo sentir nada?".

El Maestro Empático, con una sonrisa sabia, se acercó a Tomás y le dijo: "La empatía no es solo sentir las emociones de los demás, Tomás. Es también comprenderlas, validarlas y acompañarlas. Es caminar junto a ellos en su dolor y alegría, sin juzgar ni criticar".

Tomás, intrigado y confundido a la vez, preguntó: "¿Y si no puedo comprender lo que sienten? ¿Y si me equivoco al interpretar sus emociones?".

El Maestro Empático, con un toque de paciencia, le respondió: "No temas equivocarte, Tomás. La empatía es un camino de aprendizaje constante. Lo importante es la intención de comprender y conectar con el otro, sin importar si siempre lo logramos a la perfección".

Tomás, inspirado por las palabras del Maestro, emprendió un nuevo camino hacia la sanación. Guiado por la sabiduría del Maestro y por la luz de la empatía que comenzaba a brillar en su interior, Tomás se embarcó en una profunda exploración de sí mismo. Aprendió a escuchar su propio corazón, a comprender sus emociones y a aceptarlas sin juicio.

A medida que Tomás se conectaba consigo mismo, su capacidad de empatía hacia los demás comenzó a florecer. Observaba con atención las expresiones de las personas que lo rodeaban, escuchaba con detenimiento sus historias y se esforzaba por comprender sus sentimientos. Descubrió que la empatía era un puente que lo conectaba con el mundo, permitiéndole establecer relaciones más profundas y significativas.

La soledad que había consumido su vida durante tanto tiempo comenzó a disiparse, dando paso a la calidez de la conexión humana. Tomás encontró en la empatía la llave hacia la felicidad que tanto anhelaba, una felicidad que no provenía de posesiones materiales o logros externos, sino de la profunda satisfacción de comprender y conectar con los demás. Su transformación no pasó desapercibida. Las personas que lo rodeaban notaron el cambio en su actitud, en su manera de relacionarse con el mundo. Tomás irradiaba una energía positiva y contagiosa, una energía que inspiraba.

## Recuerda:

La empatía nos enriquece de varias maneras significativas:

1. Mejora las Relaciones Interpersonales: Al practicar la empatía, somos capaces de entender y compartir los sentimientos de los demás, lo que fortalece los lazos emocionales y mejora nuestras relaciones con amigos, familiares y colegas.

2. Fomenta la Comprensión Mutua: La empatía nos ayuda a ponerse en el lugar del otro, lo que facilita la comprensión de sus pensamientos, sentimientos y perspectivas. Esto reduce los malentendidos y promueve una comunicación más efectiva.

3. Promueve la Colaboración: Al entender las necesidades y preocupaciones de los demás, podemos trabajar de manera más efectiva en equipo. La empatía fomenta la cooperación y la colaboración para lograr objetivos comunes.

4. Desarrolla la Tolerancia y el Respeto: Al practicar la empatía, somos más propensos a aceptar y respetar las diferencias individuales, incluidas las creencias y valores diferentes. Esto contribuye a un ambiente más inclusivo y respetuoso.

5. Genera Bienestar Emocional: La empatía no solo beneficia a los demás, sino que también tiene un impacto positivo en nuestra propia salud emocional. Sentir empatía hacia los demás puede aumentar nuestra satisfacción personal y reducir el estrés.

6. Facilita el Aprendizaje y el Crecimiento Personal: Al estar abiertos a comprender las experiencias y perspectivas de los demás, ampliamos nuestro propio horizonte y desarrollamos una mentalidad más flexible y receptiva.

## Explorando mi capacidad empática

1. ¿Cómo te sientes al interactuar con personas que tienen opiniones o creencias muy diferentes a las tuyas?

2. ¿Qué acciones tomas para demostrar interés genuino en las emociones y experiencias de los demás?

3. ¿Cómo te adaptas a las necesidades emocionales de las personas que te rodean?

4. ¿Qué estrategias utilizas para comunicarte de manera efectiva y empática?

5. ¿Cuáles son tus principales desafíos al tratar de entender y responder a las emociones de los demás?

6. ¿Cómo crees que la empatía puede fortalecer tus relaciones personales y profesionales?

7. ¿Qué experiencias personales te han enseñado lecciones importantes sobre la importancia de la empatía?

8. ¿Cómo manejas situaciones emocionalmente cargadas o conflictivas con empatía y comprensión?

## Explorando mi historia empática

Para indagar en tu historia empática y descubrir tus valores a través de ella, Mario Borghino podría hacer preguntas reflexivas que te lleven a explorar tus experiencias pasadas y cómo han moldeado tus creencias y actitudes hacia la empatía. Aquí te presento algunas posibles preguntas:

1. ¿Qué experiencias significativas de tu infancia o adolescencia te enseñaron lecciones importantes sobre la importancia de entender a los demás?

2. ¿Puedes recordar una situación específica en la que te sentiste profundamente conectado emocionalmente con otra persona? ¿Cómo influyó esa experiencia en tu percepción de la empatía?

3. ¿Cuáles son los valores familiares o culturales que crees que han impactado tu capacidad para relacionarte empáticamente con los demás?

4. ¿Qué situaciones de vida han desafiado tu capacidad empática y cómo las has enfrentado?

5. ¿Qué experiencias de éxito o fracaso en tus relaciones personales han sido más formativas en términos de aprender sobre la importancia de comprender a los demás?

6. ¿Cómo crees que tus valores personales se reflejan en la forma en que te relacionas con los demás y practicas la empatía?

7. ¿Hay alguna historia o lección aprendida a lo largo de tu vida que haya reforzado tus creencias sobre la importancia de mostrar compasión y empatía hacia los demás?

# Frases Celebres

"La empatía es ver con los ojos del otro, escuchar con los oídos del otro y sentir con el corazón del otro."
Alfred Adler.

"La empatía es la capacidad de comprender y compartir los sentimientos de los demás."
Anónimo.

"La empatía nos permite ver el mundo desde los ojos del otro y entender sus sentimientos, pensamientos y perspectivas."
Anónimo.

"La empatía es una cualidad innata del corazón humano; podemos encontrarnos a nosotros mismos reflejados en todos los demás seres humanos."
Jane Goodall.

"La empatía es el aceite que lubrica las ruedas de la amistad."
Barbara Coloroso.

"La empatía es la capacidad de ponerse en el lugar del otro para ver el mundo a través de sus ojos y sentir lo que siente."
Carl Rogers.

*"La empatía no solo es escuchar activamente, sino también comprender profundamente los sentimientos de los demás."*
Gary Chapman.

*"La empatía comienza con el entendimiento de que todas las personas llevan una carga que no es visible."*
Daniel H. Pink.

*"La empatía es la clave de la armonía interpersonal. Nos permite conectarnos genuinamente con otros seres humanos."*
Anónimo.

## Dinámica de Grupo
## "Caminando en Sus Zapatos"

**Objetivo:**
Fomentar la empatía y la comprensión de las experiencias de los demás.

**Materiales necesarios:**
Tarjetas con diferentes roles escritos, por ejemplo: madre soltera, estudiante extranjero, persona con discapacidad, etc.

## Instrucciones:

**1. Preparación:**
Prepara tarjetas con diferentes roles escritos que representen diferentes experiencias de vida y desafíos personales.

**2. Explicación:**
Reúne a los participantes y explícales que van a participar en una actividad para desarrollar empatía.

**3. Distribución de Roles:**
Entrega una tarjeta con un rol a cada participante. Pide que no compartan el contenido de sus tarjetas con los demás.

**4. Instrucciones:**
Pide a los participantes que asuman el papel que se les ha asignado y que se imaginen cómo sería vivir la vida con ese rol específico. Deben reflexionar sobre

los desafíos, emociones y situaciones que podrían enfrentar en esa situación.

## 5. Caminata Empática:
Invita a los participantes a dar una caminata por el espacio mientras actúan como el personaje de su tarjeta. Durante la caminata, deben observar a los demás y pensar en cómo se sentirían si estuvieran en la piel de cada persona.

## 6. Puesta en común:
Detén la actividad después de un tiempo y reúne a los participantes para discutir sus experiencias.

Facilita una discusión reflexiva con preguntas como:
¿Cómo te sentiste al adoptar el papel de otra persona?

¿Qué desafíos o emociones crees que enfrenta esa persona en su vida diaria?

¿Qué aprendiste sobre la importancia de la empatía al realizar esta actividad?

¿Cómo podrías aplicar esta experiencia en tus interacciones diarias para ser más empático?

## 7. Conclusión:
Concluye la dinámica destacando la importancia de ponerse en el lugar del otro para comprender mejor sus experiencias y emociones.

Anima a los participantes a llevar consigo esta lección sobre empatía y aplicarla en sus relaciones y actividades diarias.

# Gratitud

*"La gratitud es un eco del corazón que resuena en el universo, atrayendo más razones para dar gracias."*

**LA JAULA DE LA MENTE** / FERNANDO DE CABO LANDIN

## "El Bosque de la Gratitud: El Secreto de la Verdadera Abundancia"

En las profundidades del Bosque Encantado, donde los árboles susurraban secretos antiguos y las flores brillaban con colores mágicos, vivía una joven llamada Briana. Desde pequeña, Briana había aprendido de sus padres la importancia de la gratitud y el valor de apreciar las maravillas cotidianas que el bosque les ofrecía.

Un día soleado, Briana decidió emprender un viaje a la cabaña de su abuela, una sabia anciana que vivía al otro lado del bosque. Mientras caminaba, el bosque la saludaba con susurros suaves y aromas dulces que flotaban en el aire. Briana detenía su paso para agradecer cada pequeño detalle: el destello de luz a través del dosel de árboles, el canto melodioso de los pájaros y la suave caricia del viento en su piel.

Al llegar a la cabaña de su abuela, Briana la encontró tejiendo con hilos de oro, como si tejiera sueños en la tela del tiempo. La abuela, al ver a su nieta, sonrió con cariño y le dijo: "Querida Briana, ¿qué viento te trae por aquí en este día tan especial?"

Briana compartió con su abuela las maravillas que había experimentado en su camino y cómo la gratitud llenaba su corazón. La anciana asintió con sabiduría y comenzó a contar una historia sobre la magia de la gratitud.

"Hace mucho tiempo, en este mismo bosque, vivía un duende llamado Thalor. Thalor era conocido por su envidia y sus quejas constantes sobre lo que no tenía. Un día, encontró una antigua lámpara mágica. Al frotarla con impaciencia, apareció un genio que le ofreció un deseo.

Thalor, lleno de codicia, pidió riquezas más allá de la imaginación. El genio concedió su deseo, y de repente, Thalor se vio rodeado de tesoros y lujos. Sin embargo, su corazón seguía vacío y su alma descontenta.

Decidido a encontrar la verdadera felicidad, Thalor buscó al Sabio del Bosque, quien le enseñó sobre la gratitud. Thalor aprendió a apreciar las pequeñas maravillas que lo rodeaban: el brillo de la luna sobre las hojas, el aroma fresco de las flores al amanecer, y la sonrisa sincera de un amigo.

Con el tiempo, Thalor comprendió que la verdadera riqueza no reside en lo que tenemos, sino en cómo valoramos lo que somos y lo que nos rodea. Desde entonces, Thalor se convirtió en un duende diferente, lleno de gratitud y alegría, compartiendo su sabiduría con todos los que cruzaban su camino."

Al terminar la historia, Briana abrazó a su abuela con gratitud y prometió llevar consigo el mensaje de valorar cada momento y cada encuentro en su vida.

Desde aquel día, Briana continuó su viaje por el Bosque Encantado, difundiendo la magia de la gratitud con cada paso que daba. Sus ojos brillaban con una luz especial, reflejando los colores vibrantes de las flores a su alrededor, y su corazón estaba lleno de paz y felicidad, porque había descubierto que la verdadera abundancia reside en el poder de la gratitud. Y así, el Bosque Encantado se llenó de un aura de alegría y agradecimiento, recordándonos a todos el valor de apreciar la belleza de cada día.

## Recuerda:

Practicar la gratitud aporta muchos y diversos beneficios a la vida:

1. Mayor bienestar emocional: La gratitud está asociada con niveles más altos de emociones positivas como la alegría, la felicidad y la satisfacción con la vida. Al centrarnos en lo que valoramos y apreciamos, cultivamos una actitud más positiva.

2. Reducción del estrés: Practicar la gratitud puede ayudar a reducir los niveles de estrés y ansiedad. Al enfocarnos en lo positivo, cambiamos nuestra perspectiva hacia una más optimista y esperanzadora.

3. Mejor salud mental: Las personas agradecidas tienden a experimentar una mejor salud mental en general. La gratitud está relacionada con una menor depresión y una mayor resiliencia emocional.

4. Relaciones interpersonales más saludables: La gratitud fortalece las relaciones al fomentar sentimientos de conexión y aprecio hacia los demás.

Expresar gratitud hacia las personas que nos rodean fortalece los lazos emocionales.

5. Mayor satisfacción con la vida: Al enfocarnos en lo que tenemos en lugar de lo que nos falta, aumentamos nuestra satisfacción general con nuestras circunstancias y experiencias.

6. Mayor sentido de propósito: La gratitud nos ayuda a reconocer y valorar lo positivo en nuestras vidas, lo que puede llevar a un mayor sentido de propósito y significado.

7. Mejor calidad del sueño: Las investigaciones sugieren que practicar la gratitud antes de dormir puede mejorar la calidad del sueño y ayudarnos a descansar mejor.

En resumen, la gratitud no solo nos hace sentir bien emocionalmente, sino que también tiene efectos positivos en nuestra salud mental, relaciones personales y calidad de vida en general. Es una práctica poderosa que puede transformar nuestra manera de experimentar el mundo y relacionarnos con él.

## Explorando mi nivel de gratitud

1. ¿Qué cosas o personas en tu vida te hacen sentir agradecido/a?

2. ¿Cómo practicas la gratitud en tu día a día?

3. ¿Qué impacto tiene la gratitud en tu bienestar emocional y mental?

4. ¿Cómo reaccionas frente a los desafíos y dificultades? ¿Encuentras algo positivo por lo que puedas sentirte agradecido/a incluso en momentos difíciles?

5. ¿Cómo expresas tu gratitud hacia los demás?
   - Explorar cómo compartes tu gratitud con aquellos que te rodean revela cómo valoras tus relaciones.

6. ¿Hay momentos en los que sientes que podrías practicar más la gratitud? ¿En qué situaciones?

7. ¿Qué cambios podrías hacer para cultivar aún más la gratitud en tu día a día?

8. ¿Cómo crees que podrías aprovechar más los beneficios de la gratitud en tu vida personal y profesional?

## Explorando la gratitud a lo largo de mi vida

1. ¿Recuerdas algún momento específico en tu vida en el que sentiste una profunda gratitud?

2. ¿Cómo te hizo sentir esa experiencia de gratitud en ese momento?

3. ¿Cómo crees que esos momentos de gratitud han influenciado tu perspectiva y actitudes hacia la vida en general?

4. ¿En qué situaciones actuales podrías aplicar lecciones aprendidas de esos momentos de gratitud pasados?

5. ¿Qué obstáculos o dificultades has superado gracias a una actitud de gratitud en el pasado?

6. ¿Cómo podrías cultivar más momentos de gratitud en tu vida actual, basándote en tus experiencias pasadas?

7. ¿Cómo podrías expresar tu gratitud hacia las personas importantes en tu vida ahora mismo?

# Frases celebres

*"La gratitud es una flor que brota del alma."*
Henry Ward Beecher.

*"La gratitud es la memoria del corazón."*
Jean Baptiste Massieu.

*"Cultiva la gratitud como un jardín. Atraerá todo lo bueno hacia ti."*
Rhonda Byrne

*"La gratitud es una moneda que podemos acuñar para nosotros mismos, y gastar sin miedo de quedar en bancarrota."*
Fred De Witt Van Amburgh.

*"La gratitud es la actitud que marca la diferencia."*
Joel Osteen.

*"La gratitud es la flor más bella que brota del alma."*
Rumi.

*"Cuando somos agradecidos, la abundancia de la vida nos encuentra."*
Kristin Granger.

*"La gratitud es la memoria del corazón."*
Lao Tzu.

## Dinámica de grupo
## "Árbol de Gratitud"

### Objetivo:
Promover la reflexión sobre las cosas positivas y valiosas en la vida de cada participante, y fomentar un sentido de aprecio y conexión en el grupo.

### Materiales Necesarios:
- Cartulina o papel grande
- Marcadores de colores
- Pegatinas en forma de hojas (opcionales)

## Instrucciones:

### 1. Preparación:
Coloca la cartulina o papel grande en una pared visible del espacio donde se realizará la dinámica.

Distribuye marcadores de colores a cada participante.

### 2. Introducción:
Explica el propósito de la dinámica: explorar y compartir aspectos de la vida por los que cada persona se siente agradecida.

### 3. Creación del "Árbol de Gratitud":
Dibuja el contorno de un árbol grande en la cartulina.

Invita a cada participante a escribir o dibujar en una hoja de papel pequeña (o una pegatina en forma de hoja) algo por lo que se siente agradecido/a. Puede ser una persona, una experiencia, una cualidad personal, un logro, etc.

Cada persona comparte en voz alta lo que ha escrito en su hoja y luego pega su hoja en el "árbol de gratitud".

### 4. Reflexión Grupal:
Después de que todos hayan contribuido al "árbol de gratitud", anímalos a observar juntos cómo el árbol se va llenando de hojas que representan las cosas valiosas en la vida de cada uno.

Facilita una discusión reflexiva:

¿Qué emociones surgen al observar el árbol de gratitud completo?

¿Qué patrones o temas comunes podemos identificar en las expresiones de gratitud?

¿Qué impacto tiene la práctica de la gratitud en nuestras vidas?

### 5. Cierre:
Concluye la dinámica resaltando la importancia de la gratitud y cómo puede fortalecer las relaciones y mejorar el bienestar emocional.

Anima a los participantes a llevar consigo la experiencia del "árbol de gratitud" y practicar la reflexión sobre las cosas positivas en sus vidas en el día a día.

Esta dinámica no solo fomenta la gratitud individual, sino que también crea un sentido de comunidad y conexión entre los participantes al compartir y celebrar las cosas buenas en la vida de cada uno. ¡Espero que sea útil y enriquecedora para tu grupo!

# Biografía del Autor

Fernando de Cabo Landin nació el 15 de junio de del año 1955 en la Ciudad española de Pontevedra, en la comunidad autónoma de Galicia. Actualmente reside en Aldea Blanca, Gran Canaria, España.

Ha dedicado su vida a la exploración espiritual y al servicio humanitario. Ingresó en los Misioneros Combonianos en el año 1973 y posteriormente estudió Teología en la Catholic Theological Union de Chicago, en Estados Unidos.

Su búsqueda constante del conocimiento lo llevó a realizar incursiones formales en Ciencias Sociales y Políticas, así como en Psicología.

Fernando fue ordenado sacerdote en 1981 en Chicago, ejerciendo como misionero en diversas partes del mundo, Estados Unidos, Portugal, México y España hasta finales del año1999. Durante este período de expresión activa de la fe, se inclinó profundamente en la las esferas de la educación, actuando como director en escuelas de catequesis y fundamentos de liderazgo, colaborando también como divulgador de conocimientos con la publicación de artículos periódicos en medios locales.

Su enfoque y esfuerzo como investigador del comportamiento humano fue peregrinando por senderos del desarrollo personal. Ha participado en aprendizajes de escritura, terapia vital, coaching y liderazgo integral humanista, que le han permitido tener una visión integrativa y observar los contextos de la vida con un enfoque holístico.

Su devoción en Jesucristo y su mensaje liberador e inspirado por la enseñanza de Anthony de Mello, sacerdote jesuita, psicoterapeuta y escritor indio, Fernando de Cabo Landin ha adquirido mayores y poderosas herramientas para superar las barreras internas y vivir una vida plena y significativa.

En todos los entornos que ha tocado, Fernando ha sido impulsado a ocupar el rol de guía y mentor, compartiendo su sabiduría y experiencias de vida mediante charlas, consejería y sus habituales artículos de lectura reflexiva.

Ha publicado recientemente su primer libro "La Jaula de la Mente" a inicios de Junio del año 2024 y se encuentra en esta nueva aventura de alto propósito como autor, avanzando en la publicación de otras obras de transformación humana.

## Contacto con el Autor:

**Email:** fdecabolan@gmail.com

**Redes Sociales**:
Facebook:
https://www.facebook.com/fdecabolan

Instagram:
https://www.instagram.com/decabofernando/

Printed in Great Britain
by Amazon